Blanckenburg

Mathematik in der BWL

Mathematik in der BWL

Anwendungsorientiert und verständlich

von

Prof. Dr. Korbinian von Blanckenburg

2. Auflage

Verlag Franz Vahlen München

Prof. Dr. Korbinian von Blanckenburg studierte nach dem Abitur am Hainberg-Gymnasium Göttingen Volkswirtschaftslehre an der Universität Regensburg, der Universität Karlstad in Schweden und der Westfälischen Wilhelms-Universität Münster. Anschließend entwickelte er in seiner Doktorarbeit Testverfahren zur Beurteilung der Funktionsfähigkeit von Märkten. Nach Stationen beim Deutschen Institut für Wirtschaftsforschung (DIW) und der WINGAS GmbH wurde er im Oktober 2013 zum Professor für das Lehrgebiet Volkswirtschaftslehre und Wirtschaftsmathematik an der Technischen Hochschule Ostwestfalen-Lippe in Lemgo ernannt. 2015 erhielt er den Lehrpreis für exzellente Lehre. Maßgeblich hierfür waren seine interaktiven Vorlesungen der Wirtschaftsmathematik. 2016 habilitierte er sich an der Universität Kassel und betreut aktuell mehrere Doktoranden im Bereich der Industrieökonomik. 2018 erhielt er für seine Habilitation den Roman Herzog Forschungspreis Soziale Marktwirtschaft und wurde zum Gründungsdekan des Fachbereichs Wirtschaftswissenschaften der TH OWL gewählt.

Social Media:
https://www.youtube.com/wirliebenmathe
facebook.com/vwlundwima
https://twitter.com/KvBlanckenburg
https://www.instagram.com/k0rbinian

ISBN Print: 978 3 8006 5995 1
ISBN E-Book: 978 3 8006 5996 8

Wilhelmstraße 9, 80801 München
Satz: Fotosatz Buck
Zweikirchener Str. 7, 84036 Kumhausen
Druck und Bindung: Nomos Verlagsgesellschaft mbH & Co. KG
In den Lissen 12, 76547 Sinzheim
Umschlaggestaltung: Ralph Zimmermann – Bureau Parapluie
Bildnachweis: © cienpies – istockphoto.com
Gedruck auf säurefreiem, alterungsbeständigem Papier
(hergestellt aus chlorfrei gebleichtem Zellstoff)

Vorwort

Der Schlüssel zum erfolgreichen Erlernen mathematischer Fertigkeiten liegt meiner Erfahrung nach fast ausschließlich in der Motivation. Ich habe bisher niemanden kennengelernt, der mit der richtigen Erklärung und vor allem einem angemessenen Selbststudium nicht in der Lage gewesen wäre, Mathematik zu verstehen und zu lernen.

Wichtig ist dabei aber vor allem (und diese Verantwortung kommt in der Lehre dem Dozenten zu), sich auf das Relevante und thematisch Wesentliche zu konzentrieren. In diesem Buch verabschiede ich mich vom Zwang zur Vollständigkeit. Dieser ist aus meiner Sicht häufig auch nicht zweckmäßig, sofern die Mathematik als Instrument verwendet wird, um ökonomische Fragestellungen zu beantworten. Es wird in den folgenden Kapiteln weitestgehend auf Beweise und Herleitungen verzichtet. Dieses Buch soll auch ein bisschen Spaß machen. Deswegen sind immer wieder praktische und teilweise auch lustige Beispiele zu finden, beispielsweise zu Optimierungsproblemen beim Kuchenbacken oder zur korrekten Zusammenstellung des richtigen Wildschweinfutters. Zur visuellen Vertiefung sind an vielen Stellen QR-Codes eingefügt, die zu Live-Mitschnitten und kurzen Zusammenfassungen aus meinen Vorlesungen an der Technischen Hochschule Ostwestfalen-Lippe verlinken.

Die Zielgruppe des Buches sind Schüler und Studierende der Betriebswirtschaftslehre. Das Buch kann dabei an Gymnasien, Wirtschaftsschulen, Berufskollegs, Fachhochschulen und Universitäten eingesetzt werden. Es wird verhältnismäßig wenig Vorwissen erwartet. Lediglich grundlegende mathematische Kenntnisse, z. B. in den Bereichen Bruchrechnung, Termumformung, Gleichungen, Dreisatz etc., sollten vorhanden sein.

Der Inhalt des Buches gliedert sich in fünf Kapitel. Im ersten Kapitel werden Grundlagen zum Thema Folgen und Reihen gelegt. Vor allem die geometrische Reihe ist elementare Voraussetzung im Rahmen diverser Probleme aus dem Bereich der Investitionsrechnung, und daher für die Mathematik der Betriebswirtschaftslehre ein Kernelement. In diesem Kapitel findet sich – wie auch in jedem der folgenden Kapitel – ein Anwendungsteil. Das zweite Kapitel führt grundlegende Funktionen ein, die in der betriebswirtschaftlichen Praxis von Relevanz sind, denn ein sicherer Umgang mit Funktionen ist für spätere Optimierungsprobleme unabdingbar. In diesem Kapitel wird viel Wert auf die grafische Darstellung von Funktionen gelegt. Es wird dabei auch ein direkter Anwendungsbezug zu Erlös-, Kosten- und Gewinnfunktion hergestellt. Im dritten Kapitel werden gängige Ableitungsregeln ebendieser Funktionen näher betrachtet, um Extremstellen bei wichtigen Funktionstypen bestimmen zu können. Das vierte Kapitel thematisiert die Integrationsrechnung, ebenfalls für die zuvor kennengelernten Funktionen. Im fünften Kapitel werden Grundlagen für das Arbeiten mit Gleichungssystemen gelegt, um im Anschluss daran Optimierungsprobleme mittels Linearer Programmierung zu lösen.

Ziel dieses Buches ist es, einen sicheren Umgang mit Zahlen und Funktionen zu vermitteln. Weiterhin können finanzmathematische Probleme selbstständig gelöst werden. Es wird vermittelt, wie Kurvendiskussionen für einfache Funktionen durchgeführt und Flächen unter Funktionen berechnet werden können. Abschließend wird ein Verständnis für lineare Gleichungssysteme geschaffen. Die Anwendung auf ökonomische Probleme steht dabei im Vordergrund. Dieses Buch liefert das Rüstzeug für weiterführende Kurse in allen Gebieten, insbesondere der BWL, VWL und Statistik.

Detmold, im Januar 2019 *Korbinian von Blanckenburg*

Inhaltsverzeichnis

Abbildungsverzeichnis

3.12: Phasen des Produktlebenszyklus 66

Bildangaben

Quelle Gauss-Bild: Von nach Christian Albrecht Jensen – Gauß-Gesellschaft Göttingen e. V. (Foto: A. Wittmann)., Gemeinfrei, https://commons.wikimedia.org/w/index.php?curid=57629

Quelle Euler-Bild: Jakob Emanuel Handmann [Public domain], via Wikimedia Commons

Quelle Bernoulli-Bild: Von Johann Rudolf Huber – http://www.simout.com/nicolaus-copernicus&page=327. August 2007 (original upload date), Gemeinfrei, https://commons.wikimedia.org/w/index.php?curid=10963524

1 Folgen und Reihen

Lernziele

In diesem Kapitel lernen Sie:

- arithmetische und geometrische Folgen zu bestimmen und damit zu rechnen,
- das geometrische und arithmetische Mittel zu bilden,
- die Summe auch von umfangreichen arithmetischen und geometrischen Folgen zu berechnen,
- die Theorie der Folgen zur Lösung finanzmathematischer Problemstellungen, insbesondere der Endwert-, Barwert-, Zinssatz- und Laufzeitbestimmung anzuwenden,
- wie eine Mittelwertbildung bei Finanzanlagen erfolgen sollte und
- die Bestimmung des Barwerts einer nachschüssigen Rente.

1.1 Einführung

In der BWL gibt es zwei wesentliche Erkenntnisse: „Mehr ist besser als weniger“ und „Heute ist besser als morgen“. Die erste Erkenntnis ist trivial, die zweite erscheint zunächst ungewohnt. Warum soll es besser sein, 100 € heute zu bekommen als morgen? Die Antwort liefert der Zeitwert des Geldes, oder schlicht die Erkenntnis, dass ich 100 € heute für einen Tag anlegen könnte und demzufolge morgen mehr als 100 € hätte. Die Mathematik hinter diesem Phänomen liefern sogenannte Folgen und Reihen. Insbesondere finanzmathematische Probleme lassen sich oftmals mit Hilfe von arithmetischen und geometrischen Folgen lösen. So beruht beispielsweise die gesamte Zinseszinsrechnung letztlich auf geometrischen Folgen. Ziel der folgenden Abschnitte 1.2 und 1.3 ist, zunächst die mathematische Grundlage dieser Folgen zu erläutern. Im Anschluss werden im Abschnitt 1.4 die finanzmathematischen Anwendungsmöglichkeiten aufgezeigt.

Definition 1: Endliche Folge

Eine endliche Folge ist eine Abbildung $a : \{0,1,2,3,\ldots,N\} \rightarrow \mathbb{R}$ mit reellen Werten $a(0),a(1),a(2),\ldots,a(N)$ bzw. $a_0,a_1,a_2,\ldots,a_N$ für $a(n)$ bzw. a_n mit $n \in \mathbb{N} = \{0,1,2,\ldots,N\}$.

Beispiel

Bei einer Zahlenfolge $\{1,4,6,7,8,11\}$ ist $a_0 = 1$, $a_1 = 4$, $a_2 = 6$, $a_3 = 7$, $a_4 = 8$ und $a_5 = 11$.

n läuft demnach von 0 bis 5, d. h., dass auf das Startglied a_0 noch 5 weitere Zahlen folgen.

Hinweis: In einigen Lehrbüchern wird das Startglied mit $n = 1$ gekennzeichnet. Im Folgenden heißt die Position des Startglieds immer $n = 0$. Dies ist analog zur finanzmathematischen Anwendung, bei der das Startkapital i. d. R. mit K_0 (und nicht mit K_1) gekennzeichnet wird.[1]

Reihen hängen mit Folgen unmittelbar zusammen, denn die Summe einer Zahlenfolge nennt sich Reihe:

Definition 2: Reihe

Eine Reihe ist die Summe der Glieder einer Zahlenfolge:

$$\sum_{i=0}^{N} a_i = a_0 + a_1 + \ldots + a_N.$$

In obigem Beispiel lautet die Reihe 1 + 4 + 6 + 7 + 8 + 11. Die Reihe hat damit also einen bestimmten Wert (… = 37). Besonders bei finanzmathematischen Problemen interessiert den Anwender aber oft nicht die Summe einer Folge, sondern die Größe eines ganz bestimmten Glieds. Daher wird nachfolgend besonders ausführlich auf Zahlenfolgen (arithmetische und geometrische Folgen) eingegangen.

1 Dies wird bei der Kapitalwertermittlung im Rahmen der Investitionsrechnung üblicherweise als Anschaffungsausgabe oder Anfangsinvestition bezeichnet. Siehe beispielsweise Burger&Keipinger (2016), S. 35.

1.2 Arithmetische Folgen

1.2.1 Definition

Definition 3: Arithmetische Folge

Eine Folge (a_n) $n \in \mathbb{N}$ heißt arithmetische Folge, wenn die Differenz zweier benachbarter Glieder stets konstant ist: $a_{n+1} - a_n = d \triangleq$ konstant.

Beispiel

Auf dem Kapitalmarkt wächst ihr Startkapital in jeder Periode um € 1.000. Ein Zins auf Zinserträge wird nicht gewährt, es fällt also kein so genannter Zinseszins an. Es ergibt sich folgende arithmetische Folge:

K_n = {€ 244.000, € 245.000, € 246.000, ...}

Es handelt sich hier offenbar um eine arithmetische Folge, da die Differenz zweier Folgeglieder konstant ist.

$a_1 = a_0 + d$

$a_2 = a_1 + d$

$a_3 = a_2 + d$

...

mit d = € 1.000 und a_0 = € 244.000.

Bei einer arithmetischen Folge lässt sich schnell eine allgemeine Bildungsvorschrift festlegen. Denn aus dem Zusammenhang

$a_1 = a_0 + d$

$a_2 = a_0 + d + d$

$a_3 = a_0 + d + d + d$

kann ohne weiteres jedes beliebige Glied über den Startwert und die konstante Differenz ermittelt werden:

Formel 1: Bildungsvorschrift arithmetische Folge

$a_n = a_0 + n \cdot d$ mit $n \in \mathbb{N}$

In obigem Beispiel könnte so problemlos bestimmt werden, wie groß das Kapital nach 23 Perioden ist: a_{23} = € 244.000 + 23 · € 1000 = € 267.000.

Beispiel:
Nachfolgend werden einige arithmetische Zahlenfolgen aufgeführt.

Zudem wird die Bildungsvorschrift angegeben, mit der sich jedes Glied über seinen Startwert und die konstante Differenz ermitteln lässt.

a_0	a_1	a_2	a_3	a_4	a_5	Bildungsvorschrift
1	2	3	4	5	6	$1 + n \cdot 1$
2	4	6	8	10	12	$2 + n \cdot 2$
10	15	20	25	30	35	$10 + n \cdot 5$
–16	–12	–8	–4	0	4	$-16 + n \cdot 4$
$\frac{1}{3}$	$\frac{8}{15}$	$\frac{11}{15}$	$\frac{14}{15}$	$1{,}1\overline{3}$	$1{,}\overline{3}$	$\frac{1}{3} + n \cdot \frac{1}{5}$

Um eine allgemeine Bildungsvorschrift aufzustellen, wird ein Glied der Zahlenfolge und eine Information über die konstante Differenz benötigt. So lässt sich (wenn nicht bekannt) unmittelbar auch der Ausgangswert a_0 ermitteln.

Beispiel:
Bei der Zahlenfolge ist lediglich ein Glied und die konstante Differenz gegeben:

$\{a_0 = ?, a_1 = ?, a_2 = ?, a_3 = 25, a_4 = ?, a_5 = ?\}, d = -2$

a_0 ergibt sich über $a_3 = 25$ wie folgt:

$a_3 = a_0 + \mathrm{d} \cdot 3$, hier: $25 = a_0 - 2 \cdot 3 \Rightarrow a_0 = 25 + 6 = 31$,

die allgemeine Bildungsvorschrift lautet hier also $a_n = 31 - 2 \cdot n$

Jetzt lassen sich auch die anderen fehlenden Glieder über die Bildungsvorschrift berechnen:

$a_1 = 31 - 2 \cdot 1 = 29$

$a_2 = 31 - 2 \cdot 2 = 27$

$a_4 = 31 - 2 \cdot 4 = 23$

$a_5 = 31 - 2 \cdot 5 = 21$

Die Zahlenfolge lautet also $\{31,29,27,25,23,21\}$.

Die Überlegungen zum Bilden beliebiger Glieder einer arithmetischen Zahlenfolge wirken hier vielleicht trivial, es handelt sich aber um wichtige Vorüberlegungen, die vor allem bei komplizierten Zahlenfolgen nützlich sein können.

1.2.2 Summe einer arithmetischen Folge

Die Summe der Glieder einer arithmetischen Folge heißt arithmetische Reihe. Liegt beispielsweise eine Folge in der Form {31,29,27,25,23,21} vor, lautet die Reihe entsprechend 31 + 29 + 27 + 25 + 23 + 21 = 156. Bei längeren Folgen kann das Bilden einer Summe jedoch lange dauern.

Zu dieser Problematik gibt es eine schöne Anekdote aus der Kindheit des Mathematikers Carl Friedrich Gauß (1777–1855). Die Aufgabe seiner Schulklasse bestand damals darin, die Zahlen von 1 bis 100 zu addieren. Der Lehrer rechnete damit, dass die Schüler mit dieser Aufgabe eine ganze Weile beschäftigt sein würden. Gauß war aber innerhalb kürzester Zeit fertig und präsentierte das richtige Ergebnis (1 + 2 + 3 + 4 + 5 + ... + 100 = 5050).

Zur Lösung kam er, indem er 50 Zahlenpaare bildete und diese dann multiplizierte:

Paar 1	Paar 2	Paar 3	Paar 4	...	Paar 50
1	+2	+3	+4	+ ...	+50
100	+99	+98	+97	+ ...	+51
50 Zahlenpaare á 101 $\sum = 50 \cdot 101 = 5050$					

Dieses Vorgehen spiegelt sich auch in der Summenformel für arithmetische Folgen wider, mit der sich solche Summen bequem berechnen lassen:

Formel 2: Summe einer arithmetischen Folge

$\sum_n^{ari} = \frac{N+1}{2} \cdot (a_0 + a_N)$ mit $n, N \in \mathbb{N}$

Um diese Formel anzuwenden, werden das Startglied a_0, das Endglied a_N und die Anzahl der Folgenglieder n, die auf a_0 folgen, benötigt.

Achtung! Immer daran denken: n startet bei „0".

In der Aufgabe, die Gauß gestellt wurde, ist $a_0 = 1$, es folgen 99 Additionen ($N = 99$), die letzte Zahl, die addiert wird, ist $a_{99} = 100$. In die Formel eingesetzt ergibt sich: $\frac{99+1}{2} \cdot (1 + 100) = 50 \cdot 101 = 5050$.

1.2.3 Mittelwert einer arithmetischen Folge

Der Mittelwert einer arithmetischen Folge, das so genannte arithmetische Mittel (umgangssprachlich auch Durchschnitt genannt), wird nach folgender Formel berechnet:

Formel 3: Arithmetisches Mittel

$$\frac{1}{N+1}\sum_{i=0}^{N} a_i = \frac{a_0+a_1+\ldots+a_N}{N+1} \text{ mit } N \in \mathbb{N}$$

Das arithmetische Mittel der Zahlenfolge {24,28,32,36,40} ist also $\frac{24+28+32+36+40}{4+1} = 32$. An dieser Stelle sei der Hinweis erlaubt, dass sich das arithmetische Mittel natürlich auch für nicht-arithmetische Folgen bestimmen lässt. Das arithmetische Mittel darf hier aber nicht verwendet werden, da bei nicht-arithmetischen Folgen ein verzerrter Durchschnitt berechnet wird! Daher sollte das arithmetische Mittel i.d.R. nicht bei geometrischen Folgen verwendet werden.

Abbildung 1.1: Video zu arithmetischen Folgen

1.3 Geometrische Folgen

1.3.1 Definition

Die Zahlenfolge {1,3,9,27,81} ist offenbar keine arithmetische Folge, da die Differenz zweier benachbarter Glieder nicht konstant ist. Es gibt aber trotzdem eine Regelmäßigkeit in der Zahlenfolge, denn jedes Glied kann über Multiplikation des Vorgängers mit „3" gebildet werden. Das heißt, hier ist der Quotient zweier benachbarter Glieder konstant:

$\frac{a_1}{a_0} = \frac{a_2}{a_1} = \frac{a_3}{a_2} = \frac{a_4}{a_3}$ bzw. $\frac{3}{1} = \frac{9}{3} = \frac{27}{9} = \frac{81}{27} = 3$.

Definition 4: Geometrische Folge

Eine Folge (a_n) $n \in \mathbb{N}$ heißt geometrische Folge, wenn der Quotient zweier benachbarter Glieder stets konstant ist: $\frac{a_{n+1}}{a_n} = q \mathrel{\hat{=}}$ konstant.

Die Glieder der obigen Zahlenfolge lassen sich – wie gesagt – durch Multiplizieren des Vorgängers mit „3" berechnen. Sie lassen sich demnach auch als 3er-Potenzen schreiben:

$a_0 = 1 = 1 \cdot 3^0 \qquad = 1$
$a_1 = 1 \cdot 3 \qquad = 1 \cdot 3^1 \qquad = 3$
$a_2 = 1 \cdot 3 \cdot 3 \qquad = 1 \cdot 3^2 \qquad = 9$
$a_3 = 1 \cdot 3 \cdot 3 \cdot 3 \qquad = 1 \cdot 3^3 \qquad = 27$
$a_4 = 1 \cdot 3 \cdot 3 \cdot 3 \cdot 3 \qquad = 1 \cdot 3^4 \qquad = 81$

Über das Startglied a_0 (hier: „1") und den konstanten Quotienten q (hier: „3") lassen sich sämtliche Glieder mit der Formel $a_n = 1 \cdot 3^n$ bestimmen. Daraus resultiert für alle geometrischen Folgen eine allgemeine Bildungsvorschrift:

Formel 4: Bildungsvorschrift geometrische Folge

$a_n = a_0 \cdot q^n$ mit $n \in \mathbb{N}$

Wie sich eine geometrische Folge mit steigendem n verhält, hängt vom Startwert a_0, vor allem aber von q ab. Geometrische Folgen lassen sich (abhängig von q) in vier Fälle unterscheiden:

- Fall 1: $q > 1$ (exponentielles Wachstum)
- Fall 2: $0 < q < 1$ (exponentieller Zerfall)
- Fall 3: $q < -1$ (aufschwingende Schwankung)
- Fall 4: $0 > q > -1$ (abschwingende Schwankung)

Beispiele:

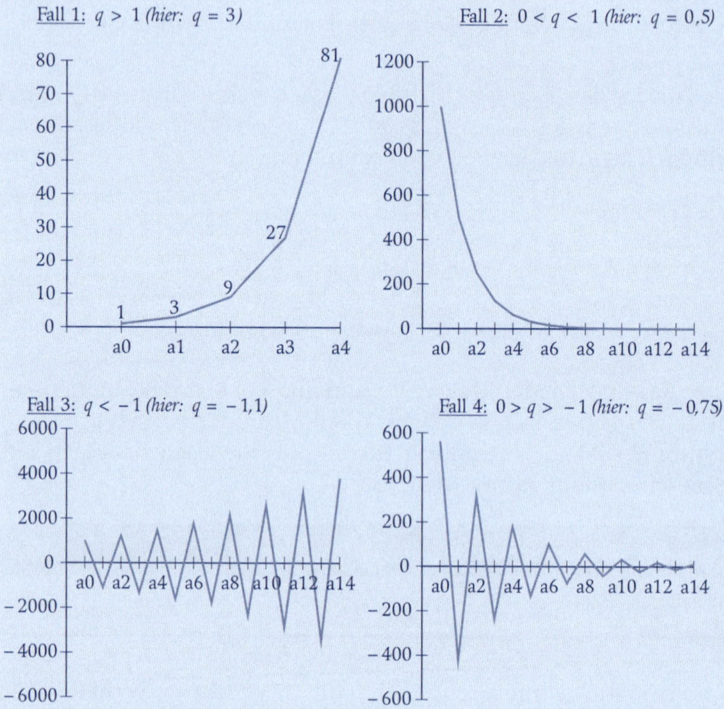

Abbildung 1.2: Vier Fälle geometrischer Folgen mit charakteristischem Verlauf

Die ersten beiden Fälle (exponentielles Wachstum und exponentieller Zerfall) haben in der Betriebswirtschaftslehre eine große Bedeutung: Fall 1 ist ein typischer Verlauf beim Zinseszinseffekt. Das Muster von Fall 2 tritt beispielsweise bei geometrischen Abschreibungen auf. Auf diese beiden Fälle wird im Abschnitt über die finanzmathematische Anwendung (1.4) noch genauer eingegangen.

Fall 3 und Fall 4 kommen in der Praxis seltener vor, werden aber beispielsweise bei der Beschreibung von Marktgleichgewichten benötigt.[2]

1.3.2 Summe einer geometrischen Folge

Wie die Summe einer geometrischen Folge gebildet wird, kann am bereits bekannten Beispiel erläutert werden: $a_n = \{1,3,9,27\}$. Die Summe dieser Folge lautet: $\sum_n^{geo} = 1 + 3 + 9 + 27$. Dies könnte man nun

[2] Siehe hierzu Blanckenburg (2009).

natürlich einfach ausrechnen (… = 40). Das Ausrechnen dieser Folgen „per Hand“ wird jedoch bei steigender Anzahl der Glieder zunehmend aufwändiger. Im Folgenden wird aufgezeigt, wie sich über die Struktur einer jeden geometrischen Folge eine allgemeine Formel zur Berechnung der Summe aufstellen lässt.

In obiger Folge ist der konstante Quotient zwischen zwei Folgegliedern $q = 3$. Damit kann diese Summe auch wie folgt beschrieben werden: $\sum_n^{geo} = 1 + 1\cdot 3^1 + 1\cdot 3^2 + 1\cdot 3^3$.

Über einige wenige Umformungen kommt man so zu einem allgemeinen Ausdruck für die Summe einer geometrischen Folge:

$$
\begin{array}{llllll}
\sum_n^{geo} & = 1 & +1\cdot 3^1 & +1\cdot 3^2 & +1\cdot 3^3 & |\cdot 3 \\
\Leftrightarrow 3\cdot\sum_n^{geo} & = 1\cdot 3 & +1\cdot 3^2 & +1\cdot 3^3 & +1\cdot 3^4 & |-\sum_n^{geo} \\
\Leftrightarrow 3\cdot\sum_n^{geo} - \sum_n^{geo} & = (1\cdot 3 & +1\cdot 3^2 & +1\cdot 3^3 & +1\cdot 3^4) & \\
 & -(1 & +1\cdot 3^1 & +1\cdot 3^2 & +1\cdot 3^3) & \\
 & = (\cancel{1\cdot 3} & +\cancel{1\cdot 3^2} & +\cancel{1\cdot 3^3} & +1\cdot 3^4) & \\
 & -(1 & +\cancel{1\cdot 3^1} & +\cancel{1\cdot 3^2} & +\cancel{1\cdot 3^3}) & \\
 & = 1\cdot 3^4 - 1 & & & & |\ (\textit{Ausklammern}) \\
\sum_n^{geo}(3-1) & = 1\cdot(3^4-1) & & & & |:(3-1) \\
\Leftrightarrow \sum_n^{geo} & = 1\cdot\frac{3^4-1}{3-1} & & & &
\end{array}
$$

Beim Betrachten dieses Ergebnisses fällt auf, dass die Summe offenbar nur durch das Startglied (hier: $a_0 = 1$), den Quotienten q (hier: $q = 3$) und die Anzahl der Glieder $N + 1$ (hier: $N + 1 = 4$) gebildet werden kann. Daraus folgt unmittelbar eine allgemeine Formel zur Berechnung der Summe einer geometrischen Folge.

Formel 5: Summe einer geometrischen Folge

$$\sum_n^{geo} = a_0 \cdot \frac{q^{N+1}-1}{q-1} \text{ mit } n, N \in \mathbb{N}$$

Beispiel:

Bilden Sie die Summe der Folge $a_n = 40 \cdot 1{,}04^n$ mit $n = 0,1,2,\ldots,47$.

Hier handelt es sich eindeutig um eine geometrische Folge der Form $a_n = a_0 \cdot q^n$.

Über die Summenformel für geometrische Reihen ist diese Aufgabe schnell gelöst:

$$\sum_n^{geo} = 40 \cdot \frac{1{,}04^{48}-1}{1{,}04-1} \approx 5570{,}53.$$

1.3.3 Mittelwert einer geometrischen Folge

Der Einsatz des geometrischen Mittels ist immer dann notwendig, wenn der Mittelwert einer Folge berechnet werden soll, der eine geometrische Struktur zu Grunde liegt. Nachfolgend wird die Entwicklung des Wertes einer Anleihe betrachtet:

- Jahr 1: 8,50 €
- Jahr 2: 8,70 €
- Jahr 3: 9,10 €
- Jahr 4: 9,30 €
- Jahr 5: 10,10 €
- Jahr 6: 9,96 €
- Jahr 7: 10,50 €

Um zu berechnen wie sich diese Anleihe durchschnittlich entwickelt hat, werden nachfolgend zunächst die prozentualen Zuwächse jeweils bezogen auf das Vorjahr bestimmt:

- Jahr 1: 8,50 €
- Zuwachs Jahr 2: +2,35 %
- Zuwachs Jahr 3: +4,6 %
- Zuwachs Jahr 4: +2,2 %
- Zuwachs Jahr 5: +8,6 %
- Zuwachs Jahr 6: –1,39 %
- Zuwachs Jahr 7: +5,42 %

Der Wert der Anleihe in Jahr 7 kann mittels Zuwachsraten also auch über folgende Formel berechnet werden: 8,50 € · 1,0235 · 1,046 · 1,022 · 1,086 · 0,9861 · 1,0542 ≈ 10,50 €.

Ein sinnvoller Mittelwert müsste beschreiben, wie aus € 8,50 mit insgesamt 6 durchschnittlichen (also gleichen) Veränderungen ($\bar{q}$) € 10,50 werden:

$$€\,8{,}50 \cdot \bar{q} \cdot \bar{q} \cdot \bar{q} \cdot \bar{q} \cdot \bar{q} \cdot \bar{q} = €\,10{,}50$$

bzw.

$$€\,8{,}50 \cdot (\bar{q})^6 = €\,10{,}50 \quad |: €\,8{,}50$$

$$\Leftrightarrow (\bar{q})^6 = \frac{€\,10{,}50}{€\,8{,}50} \quad |(\,)^{\frac{1}{6}} \; bzw. \sqrt[6]{}$$

$$\Leftrightarrow \bar{q} = \left(\frac{€\,10{,}50}{€\,8{,}50}\right)^{\frac{1}{6}}$$

$$\Leftrightarrow \bar{q} = \sqrt[6]{\frac{€\,10{,}50}{€\,8{,}50}}$$

$$\Rightarrow \bar{q} \approx 1{,}0358 \mathrel{\hat{=}} 3{,}58\,\%$$

Formel 6: geometrisches Mittel

$$\bar{q} = \sqrt[n]{\frac{a_N}{a_0}} = \sqrt[n]{q_1 \cdot q_2 \cdot q_3 \cdot q_4 \cdot \ldots \cdot q_n} = (q_1 \cdot q_2 \cdot q_3 \cdot q_4 \cdot \ldots \cdot q_n)^{\frac{1}{n}} \text{ mit } n,\, N \in \mathbb{N}$$

Das geometrische Mittel lässt sich auch ohne Start- und Endwert berechnen, in diesem Fall werden die Zuwachsraten benötigt:

$$\begin{aligned}\overline{q} &= \sqrt[6]{1,0235 \cdot 1,046 \cdot 1,022 \cdot 1,086 \cdot 0,9861 \cdot 1,0542} \\ &\approx 1,0358 \mathrel{\hat{=}} 3,58\,\%\end{aligned}$$

Es ergeben sich also für das geometrische Mittel insgesamt zwei Berechnungsformeln, je nachdem, ob Startwert (a_0) und Endwert (a_N) vorhanden sind oder die Zuwachsraten ($q_1, q_2, \ldots, q_n$) in Form von prozentualen Veränderungen.

Abbildung 1.3: Video zu geometrischen Folgen

1.4 Anwendung in der Finanzmathematik

1.4.1 Arithmetische Folgen in der Finanzmathematik

Bei arithmetischen Folgen wächst (oder fällt) eine Folge um den konstanten Faktor d. Ein einfaches finanzmathematisches Beispiel ist das Ansparen eines immer gleichen Betrags, der das Kapital (K_n), ohne Berücksichtigung von Zinseszinseffekten, ansteigen lässt. Ein Zuwachs von 400 € am Monatsende lässt sich beispielsweise über $K_n = K_0 + 400\,€ \cdot n$ darstellen. So kann recht schnell berechnet werden, wie groß ein Startkapital ($K_0 = €\ 1000$) nach 10 Jahren (also 120 Monaten) wäre:

$$K_{120} = 1.000\,€ + 400\,€ \cdot 120 = 49.000\,€$$

Ähnlich ist auch die Abbuchung eines immer gleichen Betrags vom Girokonto darstellbar, auf das gleichzeitig ein bestimmter monatlicher Betrag eingezahlt wird:

$$K_n = K_0 - 50\,€ \cdot n + 400\,€ \cdot n = K_0 + 350\,€ \cdot n$$

ist die richtige arithmetische Folgegleichung zu einer Zahlungsreihe, bei der in jeder Periode (n) 50 € abgebucht und 400 € eingezahlt werden. Zusammengefasst ergibt dies natürlich ein regelmäßiges Plus von 350 €.

Ein weiteres Beispiel für die praktische Anwendung einer arithmetischen Folge ist das klassische Sparbuch, auf das regelmäßig Einzahlungen vorgenommen werden. Bei einem Sparbuch werden üblicherweise nur einmal pro Jahr Zinsen gezahlt. Doch wie lassen sich diese Zinsen berechnen, wenn innerhalb des Jahres Einzahlungen zu unterschiedlichen Zeitpunkten vorgenommen werden?

Um dies zu veranschaulichen, wird nachfolgend die Kontobewegung auf einem beispielhaften Sparbuch mit 2 % Jahreszins betrachtet. Das Startkapital beträgt $K_0 = 20$ €, ab Quartal 2 wird jedes Quartal $d = 100$ € auf das Konto eingezahlt (insgesamt drei Mal). Nachfolgend ist dargestellt, wie sich das Guthaben entwickelt und wie die Zinsen als Anteil des Guthabens für eine bestimmte Zeit am Gesamtjahr berechnet werden:[3]

Guthaben	Tage	Zinsen
20	90	$20 \cdot \frac{90}{360} \cdot 0{,}02$
120	90	$120 \cdot \frac{90}{360} \cdot 0{,}02$
220	90	$220 \cdot \frac{90}{360} \cdot 0{,}02$
320	90	$320 \cdot \frac{90}{360} \cdot 0{,}02$

Noch mal zur Erinnerung: Es gibt hier keinen Zinseszins, es geht nur darum zu berechnen, wie viele Zinsen am Ende des Jahres auf das Sparbuch eingezahlt werden sollen.

Die Jahreszinsen (Z) können offenbar wie folgt berechnet werden:

$$Z = 20 \cdot \tfrac{90}{360} \cdot 0{,}02 + 120 \cdot \tfrac{90}{360} \cdot 0{,}02 + 220 \cdot \tfrac{90}{360} \cdot 0{,}02 + 320 \cdot \tfrac{90}{360} \cdot 0{,}02 = 3{,}4$$

Auf das Sparbuch werden also nach einem Jahr einmalig 3,40 € Zinsen eingezahlt. Die Entwicklung des Guthabens (innerhalb des Jahres) entspricht einer arithmetischen Reihe mit $n = 3$ regelmäßigen Einzahlungen: $K_n = K_0 + d \cdot n$, hier: € 320 = € 20 + € 100 · 3.

[3] Es werden pro Monat 30 Tage angenommen.

1.4.2 Geometrische Folgen in der Finanzmathematik

Für geometrische Folgen gibt es gleich eine ganze Reihe finanzmathematischer Anwendungen. Letztlich beruhen alle Fragestellungen in diesem Kontext auf der Darstellungsmöglichkeit von Zinseszinsberechnungen über geometrische Folgen. Die Ausgangsgleichung ist dabei:

Definition 5: Kapitalendwert mit Zinseszins

$K_n = K_0 \cdot (1 + i)^n = K_0 \cdot q^n$ mit:

K_n: Kapital nach *n*-Perioden (Endwert), K_0: Startkapital (Barwert), *i*: Zinssatz pro Periode mit $q = (1 + i)$.

Für die Praxis relevant – insbesondere für den Bereich Investitionen und Finanzierungen – sind im Wesentlichen vier Fragestellungen, die im Folgenden näher betrachtet werden.

1.4.2.1 Endwertberechnung

Der Endwertbetrachtung liegt folgende Ausgangsfrage zu Grunde: „Wie groß ist der Endwert (K_n) eines bestimmten Betrags (K_0) nach einer bestimmten Zeit (n) zu einem bestimmten Zinssatz (i)?"

Diese Fragestellung beschäftigt sich mit dem Standardfall der Zinseszinsrechnung. Mithilfe eines gegebenen Anfangskapitals, einem gegebenen Zinssatz und einer gegebenen Anzahl von Perioden soll der Kapitalendwert ermittelt werden, also der Wert, der am Ende des Betrachtungszeitraums inklusive aller angefallener Zinsen besteht. Dieses Vorgehen wird allgemein auch als *Aufzinsung* bezeichnet, wobei $(1 + i)^n = q^n$ den sogenannten Aufzinsungsfaktor darstellt.

Beispiel 1.1:
Sie erben ein Sparbuch. Damals, vor 823 Jahren, wurde lediglich „1" Cent eingezahlt. In dem Sparbuch ist aber noch zu erkennen, dass eine Verzinsung von 2 % pro Jahr vereinbart wurde. Wie hoch ist der inzwischen angesparte Betrag (K_n) mit Zins und Zinseszins?

Ansatz:

Ermittle: $K_n = K_0 \cdot (1 + i)^n$ mit $K_0 = 1$ *Cent*, $i = 0{,}02$ und $n = 823$

Lösung:

$$K_{823} = 1\,Cent \cdot 1{,}02^{823} \approx 11.965.790\,Cent \mathrel{\hat{=}} \underline{119.657{,}90\,€}$$

Antwort:

Ein Cent, der vor 823 Jahren auf ein Sparbuch mit 2 % Verzinsung eingezahlt wurde, ist heute 119.657,90 Euro Wert.

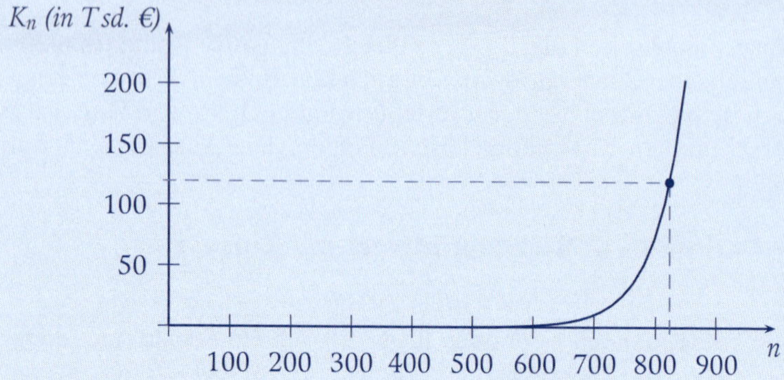

Abbildung 1.4: Entwicklung des Sparguthabens im Zeitverlauf

Dieser Berechnung liegt die klassische geometrische Folge zugrunde. Sie kann zum Beispiel bei vielen Formen der Kapitalanlage zur Endwertberechnung angewandt werden. Während der Laufzeit anfallende Zinsen werden nach jeder Periode kapitalisiert und dann in den Folgeperioden mitverzinst (*Zinseszinseffekt*).

Beispiel 1.2:
Sie legen 1.896 € in einem Aufzinsungssparbrief an, der Ihnen von Ihrem Bankberater empfohlen wurde. Der Zinssatz dieser Anlage beträgt 5 % p. a., die Laufzeit soll acht Jahre betragen. Die Zinsen werden am Jahresende kapitalisiert und in den folgenden Perioden mitverzinst. Wie groß ist der Wert der Anlage am Ende der Laufzeit?

Ansatz:

Ermittle: $K_n = K_0 \cdot (1 + i)^n$ mit $K_0 = 1.896$ €, $i = 0{,}05$ und $n = 8$

Lösung:

$$K_8 = 1.896\ € \cdot (1 + 0{,}05)^8 = 1.896\ € \cdot 1{,}05^8 \approx \underline{2.801{,}26}$$

Antwort:

Die Anlage von 1.896 € ist nach acht Jahren Laufzeit 2.801,26 € wert.

1.4.2.2 Barwertberechnung

Schwieriger wird es bei der Barwertbetrachtung. Dem Barwert liegt folgende Idee zu Grunde: „Was bin ich heute bereit zu investieren, für eine Auszahlung, die ich in der Zukunft bekomme?“.

Um diese Frage zu beantworten, ist folgende Überlegung erforderlich: Was wäre die Alternative zu dieser Investition? Oder: Wie hoch sind die Opportunitätskosten? Bzw. mit welcher Rendite (Verzinsung) kann ich rechnen, wenn ich einen bestimmten Betrag, innerhalb der gegebenen Risikoklasse, investiere? Gibt es eine Alternative mit einem positiven Zinssatz? Ist eine Auszahlung in der Zukunft immer weniger wert als heute? Denn jede Auszahlung heute könnte ich gewinnbringend in der Alternative anlegen und hätte in der Zukunft den investierten Betrag zzgl. der Zinsen.

Grundsätzliche Überlegung bei der Barwertmethode ist es, einen gegebenen Endkapitalwert um einen bestimmten Faktor zu verringern, um das benötigte Startkapital bzw. den Barwert zu erhalten. Dieses Vorgehen bezeichnet man als *Abzinsung*, der Faktor wird daher auch Abzinsungsfaktor oder Diskontfaktor genannt. Er ergibt sich aus der Aufzinsung:

$$K_n = K_0 \cdot (1+i)^n \qquad |:((1+i)^n)$$

$$\Leftrightarrow \frac{K_n}{(1+i)^n} = K_0$$

$$\Leftrightarrow K_n \cdot \frac{1}{(1+i)^n} = K_0 \qquad \rightarrow \text{Abzinsungsfaktor: } \frac{1}{(1+i)^n}$$

Die Fragestellungen innerhalb der Barwertmethode basieren auf zwei unterschiedlichen Sichtweisen auf den gegebenen Endwert:

a) „Wie viel Startkapital (K_0) wird für ein bestimmtes Zielkapital (K_n) benötigt?“

Bei Betrachtung dieser Frage ist ein gewünschtes Zielkapital vorgegeben, das innerhalb eines festen Zeithorizonts erreicht werden soll. Gesucht ist nun das Startkapital, das zur Erreichung dieser Vorgabe maximal aufgewendet werden muss.

Beispiel 2a:
Ein Matheprofessor möchte zu Beginn des Studiums seiner Tochter über eine Summe von 20.000 € verfügen. Er rechnet damit, dass dies noch 18 Jahre dauern wird. Nach Aussagen seines Bankberaters kann er mit 3,75 % Jahreszinssatz bei einer entsprechenden Einzahlung rechnen. Welchen Betrag muss er heute einzahlen?

Ansatz:

Ermittle: K_0 bei $K_n = K_0 \cdot (1+i)^n$ mit $K_n = 20.000$ €, $i = 0{,}0375$ und $n = 18$

Lösung:

$$20.000 = K_0 \cdot 1{,}0375^{18} \qquad |:1{,}0375^{18}$$

$$\Leftrightarrow \quad K_0 = \frac{20.000}{1{,}0375^{18}} \approx \underline{10.309{,}65}$$

Antwort:

Der Matheprofessor muss heute 10.309,65 € einzahlen, um nach 18~Jahren 20.000 € zu erhalten.

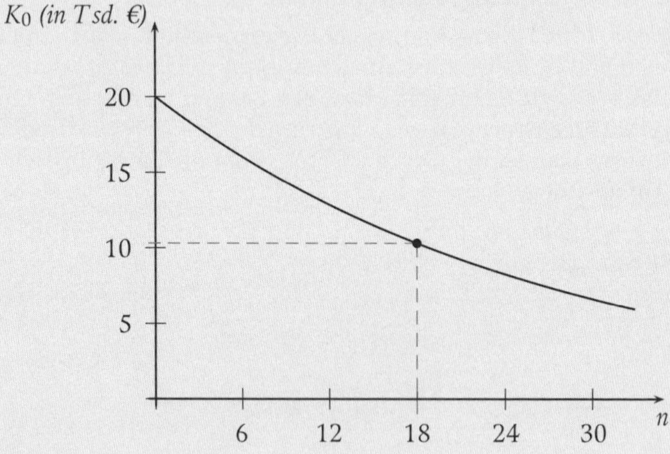

Abbildung 1.5: Startkapital K_0 im Zeitverlauf (mit K_n = 20.000 €)

b) „Wie groß ist der heutige Wert, also der Barwert (K_0), einer zukünftigen Auszahlung (K_n)?"

Diese zweite Fragestellung ergibt sich vor allem aus dem Blick eines Investors, der wissen möchte, welchen Wert eine Auszahlung (also ein gegebenes Zielkapital) zum heutigen Zeitpunkt aufweist. Das ist insbesondere dann interessant, wenn mehrere Investitionsalternativen miteinander verglichen werden sollen.

Beispiel 2b:

Wie viel würden Sie heute in ein Projekt investieren, bei dem Sie in 6 Jahren 500 € erhalten? Alternativ zu diesem Projekt könnten Sie Ihr Geld auch bei der Bank für 5 % Jahreszinssatz anlegen.

Ansatz:

Ermittle K_0 bei $K_n = K_0 \cdot (1 + i)^n$ mit K_n = 500 €, i = 0,05 und n = 6

Lösung:

$$500\,€ = K_0 \cdot 1{,}05^6 \qquad |:1{,}05^6$$

$$\Leftrightarrow \quad K_0 = \frac{500}{1{,}05^6} \approx \underline{373{,}11\,€}$$

Antwort:

Ich würde heute (höchstens) 373,11 € in ein Projekt investieren, aus dem ich in 6 Jahren 500 € erhalte.

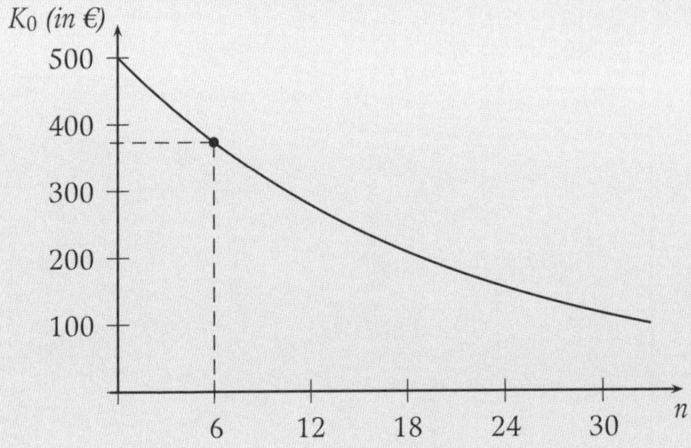

Abbildung 1.6: Barwert K_0 im Zeitverlauf bei gleicher Auszahlung K_n = 500 €

1.4.2.3 Zinssatzberechnung und Kalkulationszinssatz

Die Ausgangsfrage bei der Zinssatzberechnung lautet: „Welcher Zinssatz (i) ist nötig, um mit einem bestimmten Startkapital (K_0) ein bestimmtes Zielkapital (K_n) zu erreichen?"

Beispiel 3.1:
Ihre Großeltern schenken Ihnen zum erfolgreichen Abschluss Ihres Bachelor-Studiums 20.000 €. Bereits jetzt träumen Sie davon, im Rentenalter auf einer hübschen Motoryacht zu liegen, die in etwa eine viertel Millionen Euro kosten sollte. Bis zur Rente sind es noch 35 Jahre. Wie hoch müsste der Zinssatz sein, den Sie heute mit Ihrem Bankberater aushandeln müssten?

Ansatz:

Ermittle i bei $K_n = K_0 \cdot (1 + i)^n$ mit K_n = 250.000 €, K_0 = 20.000 € und $n = 35$

Lösung:

$$250.000\text{ €} = 20.000\text{ €} \cdot (1+i)^{35} \qquad |: 20.000\text{€}$$

$$\Leftrightarrow (1+i)^{35} = \frac{250.000\text{ €}}{20.000\text{€}} \qquad \left|\left(\right)^{\frac{1}{35}} \text{ bzw. } \sqrt[35]{}\right.$$

$$\Leftrightarrow 1+i = \sqrt[35]{\frac{250.000\text{ €}}{20.000\text{ €}}} \approx 1{,}0748 \qquad |-1$$

$$\Leftrightarrow i \approx 0{,}0748 \mathrel{\hat{=}} \underline{7{,}48}\,\%$$

Antwort:

Der Zinssatz müsste mindestens 7,48 % betragen.

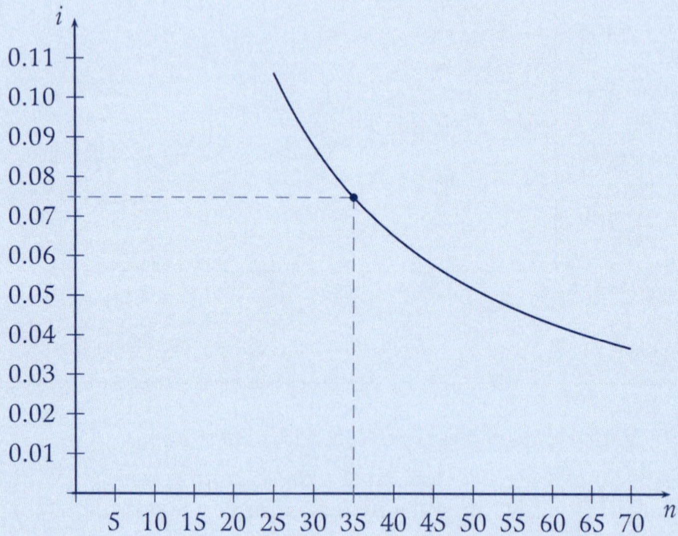

Abbildung 1.7: Notwendiger Zinssatz bei variabler Laufzeit (für K_0 = 20.000 € und K_n = 250.000 €)

Im Bereich der Investitionen und Finanzierungen steht häufig der Zinssatz als Variable im Fokus. Bei dieser Betrachtung wird der Kapitalwert einer Investition über die Summe aller diskontierten (= abgezinsten) Rückflüsse bestimmt, also durch die Summe all ihrer Barwerte.

$$C_0 = \sum_{t=0}^{n} \frac{Z_t}{(1+i)^t} = \frac{Z_0}{(1+i)^0} + \underbrace{\frac{Z_1}{(1+i)^1} + \frac{Z_2}{(1+i)^2} + \ldots + \frac{Z_n}{(1+i)^n}}_{\text{Barwerte (Rückflüsse)}}$$

Z_0: Anschaffungsausgabe/Investition (negatives Vorzeichen!)

Z_1 bis Z_n: Rückflüsse („Zahlungen in der Zukunft“)

t: Periode

n: Gesamtlaufzeit

i: Kalkulationszinssatz

Eine Investition muss sich bezüglich der erwarteten Rendite am „Marktzins“ orientieren. Dieser Zins ist wichtig für die Kalkulation der Investition und heißt auch *Kalkulationszins(-satz) i*.

Der Kalkulationszinssatz ist die vom Investor geforderte Mindestverzinsung bzw. Mindestrendite, die er für die Hergabe seines Kapitals erwartet. Die Höhe dieses Satzes richtet sich nach den Kapitalkosten bzw. den alternativen Anlagemöglichkeiten am Kapitalmarkt (unter der Annahme eines vergleichbaren Anlagerisikos). Der Kalkulationszins und daraus resultierend der *Kapitalwert* C_0 ist in der Praxis ein wichtiges Instrument, um die Rentabilität bzw. Vorteilhaftigkeit von Investitionen zu ermitteln und verschiedene Anlagealternativen vergleichbar zu machen. Der Kapitalwert ergibt sich durch die Saldierung der Anschaffungsauszahlung und der auf t_0 abgezinsten Rückflüsse (also der Barwerter der Rückflüsse).

Als Entscheidungsregel gilt:

$C_0 > 0$ → Investition lohnt sich im Vergleich zu einem bestimmten Kalkulationszinssatz
$C_0 = 0$ → Investition und Anlagealternative sind „gleich gut"
$C_0 < 0$ → Investition lohnt sich nicht; Alternative ist „besser"

Beispiel 3.2:
Ein Investor denkt darüber nach, sein Geld in einer Immobilie anzulegen.

Der Kaufpreis der Immobilie beläuft sich auf 600.000 € und ist sofort fällig. Neben dem Kaufpreis fallen außerdem 3,57 % Maklercourtage sowie 3,5 % Grunderwerbsteuer an, die ebenfalls sofort zu entrichten sind.

Der Investor möchte die Immobilie voraussichtlich zwei Jahre lang zur Vermietung nutzen und sie anschließend verkaufen. Während der Nutzung erzielt er jährlich 50.000 € Mieteinnahmen (fällig jeweils zum 31.12.), gleichzeitig fallen Kosten für Hausmeistertätigkeiten an, die sich auf jährlich 14.000 € belaufen (fällig jeweils zum 31.12.).

Nach Ende des zweiten Nutzungsjahres kann die Immobilie aller Voraussicht nach für 620.000 € zum 31.12. des Jahres verkauft werden.

Es wird ein Kalkulationszinssatz von 2,5 % zugrunde gelegt.

Der Investor fragt sich nun: Lohnt sich die Investition in die Immobilie oder sollte er sein Geld lieber alternativ am Kapitalmarkt anlegen?

Ansatz:

	t_0	t_1	t_2
Kaufpreis	– 600.000 €		
Maklercourtage	– 21.420 €		
Grunderwerbsteuer	– 21.000 €		
Mieteinnahmen		+ 50.000 €	+ 50.000 €
Kosten für Hausmeister		– 14.000 €	– 14.000 €
Verkaufspreis			+ 620.000 €
Σ	**– 642.420 €**	**+ 36.000 €**	**+ 656.000 €**

Durch Abzinsung der Einzahlungsüberschüsse der einzelnen Perioden ergibt sich der Kapitalwert C_0.

Lösung:

$$C_0 = \sum_{t=0}^{2} \frac{Z_t}{(1+i)^t} = \frac{-642.420\text{ €}}{(1+0{,}025)^0} + \frac{36.000\text{ €}}{(1+0{,}025)^1} + \frac{656.000\text{ €}}{(1+0{,}025)^2}$$

$$\approx -642.420\text{ €} + 35.121{,}95\text{ €} + 624.390{,}24\text{ €} = 17.092{,}19\text{ €}$$

Antwort:

Der Kapitalwert C_0 ist > 0, die Investition lohnt sich also im Vergleich zu einer alternativen Anlage des Geldes am Kapitalmarkt. Es können über die geforderte Mindestverzinsung hinaus Rückflüsse in Höhe von 17.092,19 € erzielt werden.

1.4.2.4 Laufzeitberechnung

Häufig ist auch die Bestimmung der benötigten Laufzeit eine Ausgangsfrage: „Wie viele Jahre (n) dauert es, bei gegebenen Einzahlungen (K_0) und einem bestimmten Zinssatz (i) pro Periode, einen Betrag (K_n) anzusparen?"

In der Praxis spielt die Ermittlung des Zeitraums, in dem sich ein Startkapital unter gegebenen Bedingungen zum gewünschten Endkapital multipliziert, ebenfalls eine Rolle. Beispiele sind Abschreibungen oder die Wahl passender Konditionen für eine Geldanlage bei der Bank.

Beispiel 4.1:

Eine Maschine mit dem Anschaffungswert von 65.000 € soll mit 20% jährlich geometrisch abgeschrieben werden. Nach wie vielen Jahren ist diese Maschine bis auf 10.000 € abgeschrieben?

Ansatz:

Ermittle n bei $K_n = K_0 \cdot (1 + i)^n$ mit $K_n = 10.000$ €, $K_0 = 65.000$ € und $i = -0{,}2$

Lösung:

$$
\begin{aligned}
& 10.000 = 65.000 \cdot (1-0{,}2)^n && |: 65.000 \\
\Leftrightarrow\quad & 0{,}8^n = \tfrac{10.000}{65.000} && |\, ln(\ ) \\
\Leftrightarrow\quad & ln(0{,}8^n) = ln(\tfrac{10.000}{65.000}) && |\,\text{siehe Tipp*} \\
\Leftrightarrow\quad & n \cdot ln(0{,}8) = ln(\tfrac{10.000}{65.000}) && |: ln(0{,}8) \\
\Leftrightarrow\quad & n = \frac{ln(\frac{10.000}{65.000})}{ln(0{,}8)} \approx \underline{8{,}39\ Jahre}
\end{aligned}
$$

Antwort:

Die Maschine ist nach 8,39 Jahren auf 10.000 € abgeschrieben.

**Tipp:*

Um n zu berechnen, hilft hier ein wichtiges Logarithmusgesetz:
$ln(a^n) = n \cdot ln(a)$

(vgl. Formelsammlung: „Einige hilfreiche Umformungsregeln")

Beispiel 4.2:
Sie haben 25.000 € im Lotto gewonnen. Da Sie das Geld derzeit nicht benötigen, möchten Sie es bei Ihrer Bank anlegen, um sich einen lang gehegten Wunsch zu erfüllen: Zu gegebener Zeit möchten Sie sich von dem Geld einen schicken Mittelklassewagen zulegen, der bei gewünschter Ausstattung nach Ihrer Schätzung 30.500 € kosten wird.

Da Sie zurzeit studieren und im Studentenwohnheim gegenüber der Universität wohnen, können Sie bis auf Weiteres auf ein Auto verzichten.

Ihr Bankberater bietet Ihnen eine Anlagemöglichkeit an, die zu 5,5 % p. a. verzinst wird.

Wie lange müssen Sie das gewonnene Geld mindestens anlegen, um sich den neuen Wagen leisten zu können? (Runden Sie das Ergebnis unterjährig auf zwei Nachkommastellen)

Ansatz:

Ermittle n bei $K_n = K_0 \cdot (1 + i)^n$ mit $K_0 = 25.000$ €; $K_n = 30.500$; $i = 0{,}05$

Lösung:

$$30.500\,€ = 25.000\,€ \cdot (1+0{,}05)^n \qquad |: 25.000\,€$$

$$\Leftrightarrow \frac{30.500\,€}{25.000\,€} = (1+0{,}05)^n \qquad |\ ln$$

$$\Leftrightarrow ln\left(\frac{30.500\,€}{25.000\,€}\right) = n \cdot ln(1{,}05) \qquad |: ln\ (1{,}05)$$

$$\Leftrightarrow \frac{ln(1{,}22)}{ln(1{,}05)} = n$$

$$\leftrightarrow n \approx 4{,}075634$$

Antwort:

Das Geld muss für mindestens 4,08 Jahre angelegt werden.

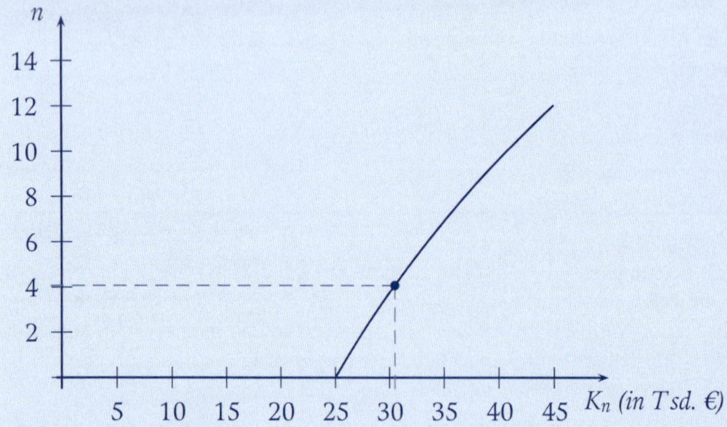

Abbildung 1.8: Laufzeit n bei variablem Zielkapital K_n (mit K_0 = 25.000 €)

1.4.3 Mittelwerte

Zur Mittelwertbildung stehen grundsätzlich zwei Methoden zur Verfügung: Das Arithmetische Mittel (siehe 1.2.3) und das Geometrische Mittel (siehe 1.3.3). Leider wird in der Praxis häufig ausschließlich das Arithmetische Mittel verwendet. Die Problematik wird beispielsweise deutlich bei der Frage nach der (korrekten) durchschnittlichen Entwicklung einer Finanzanlage:

	t_0	t_1	t_2	t_3
Kurs	960	1200	840	960
Veränderung		+25 %	–30 %	+14,29 %
Wachstumsfaktor		· 1,25	·0,7	· 1,1429

Wie entwickelte sich diese Anlage? Um wie viel Prozent ist sie pro Jahr durchschnittlich gestiegen/gefallen? Offenbar war die Performance dieser Anlage nicht besonders gut, da ihr Wert nach drei Perioden wieder ihrem anfänglichen Kurs aus t_0 entspricht. In der Finanzwelt könnte es aber durchaus passieren, dass ihnen ein Anlageberater erzählt, die Anlage ist um durchschnittlich 3,1 % pro Jahr gestiegen. Wie kommt er darauf?

Der Anlageberater hat das Arithmetische Mittel berechnet:

$$\frac{+25\% - 30\% + 14{,}29\%}{3} \approx 3{,}1\%$$

Das ist natürlich absurd, da hiermit suggeriert wird, die Anlage hätte sich positiv entwickelt. Der Anspruch an einen Mittelwert ist jedoch gerade der, dass er zur Abbildung der tatsächlichen Entwicklung verwendet werden kann. Wenn aber ein Kurs von 960 über drei Perioden um 3,1 % gesteigert würde, landete er bei etwa 1052 ($= 960 \cdot 1{,}031 \cdot 1{,}031 \cdot 1{,}031$).

Korrekt ist es bei obigem Beispiel das Geometrische Mittel zu verwenden. Dieses berechnet sich wie folgt:

$\sqrt[3]{1{,}25 \cdot 0{,}7 \cdot 1{,}1429} - 1 \approx 1 - 1 = 0\%$ (Wachstumsfaktor 1,00)

Dieser geometrische Mittelwert ist offenbar korrekt, da sich die Anlage mit einem Wert von 960 ($= 960 \cdot 1{,}00 \cdot 1{,}00 \cdot 1{,}00$) über drei Perioden hinweg unverändert zeigt und ihre Entwicklung demnach wieder zum Anfangskurs von 960 führt.

Es ist also wichtig zu wissen, dass zur Berechnung des Mittelwerts geometrischer Reihen (bzw. prozentualer Änderungen) unbedingt das Geometrische Mittel verwendet werden muss. Dies gilt nicht nur für Aktienkurse, sondern z. B. auch für die Berechnung der durchschnittlichen prozentualen Entwicklung von Umsätzen, Renditen, Preisen etc.

1.4.4 Rentenrechnung

Ein abschließendes Anwendungsfeld der Barwertberechnung ist die Rentenrechnung. Hierbei steht die Frage im Vordergrund, was der aktuelle Wert einer Rente ist, die ich in der Zukunft bekomme. Unter einer Rente wird eine uniforme und äquidistante Zahlung verstanden, die in der Zukunft erhalten wird.

Zur Herleitung der Berechnungsformel soll ein einfaches Beispiel dienen:

Student A erhält ab sofort für 3 Jahre ein Stipendium. Die Förderungssumme beträgt pro Jahr 750 € und wird jeweils am Ende des Jahres ausgezahlt. Der aktuelle Zinssatz für Geldanlagen bei der Bank beträgt 3 % pro Jahr. Wie groß ist der Barwert eines solchen Stipendiums? Oder anders: Was wäre der finanzmathematisch berechnete Preis, wenn Student A dieses Stipendium heute verkaufen würde? (siehe Beispiel 2b)

Die Antwort liefert der Barwert, der wie gewohnt berechnet werden kann. Dabei muss berücksichtigt werden, dass es drei Auszahlungen gibt (in einem Jahr, nach 2 Jahren und nach 3 Jahren). Diese Auszahlungen sind heute weniger wert als zum Auszahlungszeitpunkt, da das Geld bei einer Auszahlung heute alternativ zu 3 % angelegt werden könnte.

Ansatz:

Ermittle jeweils: a_0 bei 750 € = $a_0 \cdot 1{,}03^n$ für $n = 1, 2, 3$ und summiere diese Barwerte.

$$\frac{750}{1{,}03^1} = a_0 = 728{,}15\ldots\text{ €}$$
$$+$$
$$\frac{750}{1{,}03^2} = a_0 = 706{,}94\ldots\text{ €}$$
$$+$$
$$\frac{750}{1{,}03^3} = a_0 = 686{,}35\ldots\text{ €}$$
$$\approx \underline{2.121{,}46\text{ €}}$$

Der Barwert einer Rente kann also durch die Summe der Barwerte einzelner Auszahlungen berechnet werden. Dieses Vorgehen mag in diesem Beispiel noch relativ schnell gehen, bei einer Rente, die über 35 Jahre gezahlt wird, ist die Berechnung allerdings äußerst zeitaufwändig.

Daher wird nachfolgend gezeigt, dass durch geschicktes Umformen der Barwertberechnung eine allgemeine, kürzere Formel aufgestellt werden kann, bei der zur Berechnung des Barwertes einer Rente (R_0) lediglich der Verzinsungsfaktor (q) bzw. der Zinssatz ($i = q - 1$), die Anzahl der Rentenperioden (n) und die Höhe der regelmäßigen Rentezahlungen (*Rente*) benötigt werden.

Ansatz soll wieder das vorhergegangene Beispiel mit drei Auszahlungen und einem sich daraus ergebenen Barwert (R_0) sein:

$$R_0 = \frac{750}{q^1} + \frac{750}{q^2} + \frac{750}{q^3} \quad | \cdot q$$
$$\Leftrightarrow R_0 \cdot q = 750 + \frac{750}{q} + \frac{750}{q^2} \quad | - R_0$$
$$\Leftrightarrow R_0 \cdot q - R_0 = 750 + \frac{750}{q} + \frac{750}{q^2} - \frac{750}{q^1} - \frac{750}{q^2} - \frac{750}{q^3} \quad | (\textit{Ausklammern})$$
$$\Leftrightarrow R_0 \cdot (q-1) = 750 - \frac{750}{q^3} \quad | (\textit{Ausklammern})$$
$$\Leftrightarrow R_0 \cdot (q-1) = 750 \cdot (1 - \tfrac{1}{q^3}) \quad | : (q-1)$$
$$\Leftrightarrow R_0 = 750 \cdot \frac{1-\frac{1}{q^3}}{q-1} \quad | (\textit{mit } q^3 \textit{ erweitern})$$
$$\Leftrightarrow R_0 = 750 \cdot \frac{q^3(1-\frac{1}{q^3})}{q^3 \cdot i} \quad | (\textit{Ausmultiplizieren und Kürzen})$$
$$\Leftrightarrow R_0 = 750 \cdot \frac{q^3-1}{q^3 \cdot i}$$

Die Berechnung über die hergeleitete Formel geht wesentlich schneller und führt zum selben Ergebnis wie die separate Barwertberechnung:

Ansatz:
Ermittle: R_0 bei $R_0 = \frac{q^n - 1}{q^n \cdot i} \cdot Rente$ mit $q = 1{,}03$, $i = 0{,}03$, $Rente = 750$ € und $n = 3$.

Lösung:

$$R_0 = \frac{1{,}03^3 - 1}{1{,}03^3 \cdot 0{,}03} \cdot 750 \text{ €} \approx \underline{2.121{,}46} \text{ €}$$

Daraus ergeben sich eine Formel für den Rentenbarwertfaktor (RBF) und eine für den Barwert (R_0) einer Rente:

Formel 7: Rentenbarwertfaktor

$$RBF = \frac{q^n - 1}{q^n \cdot i}$$

Formel 8: Barwert einer Rente

$$R_0 = RBF \cdot Rente$$

Die Barwertformel einer Rente eignet sich – wie gesagt – besonders für längere Rentenzahlungen. Im folgenden Beispiel wird sie für die Berechnung des Barwertes einer Rente, die 10 Jahre lang gezahlt wird, angewendet:

Beispiel:
Sie bekommen eine Rente in Höhe von 8.800 € über 10 Jahre bei einem Zinssatz von $i = 3\,\%$ angeboten.

„Wie viel sind Sie heute bereit dafür zu bezahlen?" bzw. „Was ist diese Rente heute Wert?"

Die Lösung ist der Barwert der Rente und wird mit Hilfe des Rentenbarwertfaktors ermittelt:

$$R_0 = \frac{1{,}03^{10} - 1}{1{,}03^{10} \cdot 0{,}03} \cdot 8.800 \text{ €} \approx \underline{75.065{,}78} \text{ €}$$

Hinweis: An dieser Stelle sollten Sie verstanden haben, warum der Barwert der Rente deutlich kleiner ist als die Summe der Zahlungen, die Sie im Laufe der Zeit erhalten werden ($R_0 < 10 \cdot 8.800$ €).

2 Funktionen

Lernziele

In diesem Kapitel lernen Sie:

- die Charakteristika wichtiger Funktionen kennen,
- Achsenabschnitte, Nullstellen und das Verhalten gegen Unendlich zu bestimmen,
- den Verlauf von Funktionen zu erkennen und sie zu skizzieren und
- die Gewinn- und Kostenfunktion aus der betriebswirtschaftlichen Praxis kennen.

2.1 Einführung

Mit Funktionen lassen sich in der Betriebswirtschaftslehre Zusammenhänge darstellen, auf deren Grundlage Entscheidungen getroffen werden können. Beispielsweise beobachtet ein Unternehmen, das ein bestimmtes Produkt anbietet, dass sich die Nachfrage verändert, wenn es die Preise für das Produkt ändert. Liegen ausreichend Beobachtungsdaten vor, kann das Unternehmen auf dieser Grundlage eine Funktion schätzen, die den Zusammenhang von Preis und Nachfrage abbildet. Diese Funktion wird Preis-Absatz-Funktion genannt. Außerdem kennt das Unternehmen die Kosten, die durch die Produktion dieses Produktes entstehen. Auch der Zusammenhang zwischen produzierter Menge und dadurch entstehenden Kosten lässt sich mit einer Funktion beschreiben, der so genannten Kostenfunktion. Kombiniert das Unternehmen beide Funktionen, entsteht die Gewinnfunktion. Die beschriebenen Funktionen sind von elementarer Bedeutung für die BWL. Auf ihrer Grundlage werden wichtige Unternehmensentscheidungen, z. B. darüber, wie viel von einem bestimmten Produkt produziert und angeboten werden soll, getroffen.

Bevor die Funktionstypen eingeführt werden, gilt es einige grundsätzliche Überlegungen über den Ausschnitt anzustellen, an dem Funktionen betrachtet werden. Hierfür werden u. a. Definitions- und Wertebereiche benötigt.

2.2 Definitions- und Wertebereich und Verhalten gegen Unendlich

Jede Funktion hat einen so genannten Definitionsbereich:

Definition 6: Definitionsbereich einer Funktion

Der Definitionsbereich D_f der Funktion $f(x)$ legt alle Werte von x fest, für die die Funktion im jeweiligen Kontext definiert ist.

Definitionsbereiche können bei Funktionen eingeschränkt sein, entweder weil es ökonomisch nicht sinnvoll ist, sich einen bestimmten Bereich anzuschauen (z. B. negative Mengen bei einer Produktionsfunktion), oder weil es mathematisch nicht zulässig ist, bestimmte Werte in eine Funktion einzusetzen (z. B. darf x nicht gleich Null sein, bei $f(x) = \frac{1}{x}$).

Jene Werte, die die Funktion annimmt, wenn im Definitionsbereich vorgesehene x-Werte eingesetzt werden, begrenzen den so genannten Wertebereich einer Funktion:

Definition 7: Wertebereich einer Funktion

Der Wertebereich W_f der Funktion $f(x)$ legt alle Werte fest, die $f(x)$ annehmen kann, wenn x-Werte aus D_f eingesetzt werden.

Definitions- und Wertebereich legen also fest, welcher Ausschnitt einer Funktion betrachtet wird.[4]

Um eine Funktion zu beschreiben, wird auch oft eine Aussage zum Verhalten gegen Unendlich benötigt. Das Verhalten von Funktionen in diesen Grenzbereichen wird über den so genannten Limes (*lim*) beschrieben. Bei einer Limes-Betrachtung werden entweder sehr große Werte in die Funktion eingesetzt (+∞), oder sehr kleine Werte (−∞). So kann eine Aussage gemacht werden, wie sich eine Funktion gegen positiv und negativ Unendlich verhält.

---

[4] Bevor von einer Funktion eine Skizze angefertigt werden kann, sollten Definitions- und Wertebereich bestimmt werden. Hiervon hängt u. a. die Skalierung der Achsen ab!

Im Folgenden werden die gängigsten Funktionstypen vorgestellt (2.3). Anschließend wird der Einsatz von Funktionen in der Unternehmenspraxis (2.4) erläutert.

2.3 Funktionstypen

In diesem Abschnitt werden die wichtigsten Funktionstypen vorgestellt: Lineare Funktionen (2.3.1), Quadratische Funktionen (2.3.2), Kubische Funktionen (2.3.3), Gebrochenrationale Funktionen (2.3.4), Wurzelfunktionen (2.3.5), Exponentialfunktionen (2.3.6) und Logarithmusfunktionen (2.3.7).

2.3.1 Lineare Funktionen

Eine Lineare Funktion lässt sich in einem kartesischen Koordinatensystem als Gerade im Raum darstellen:

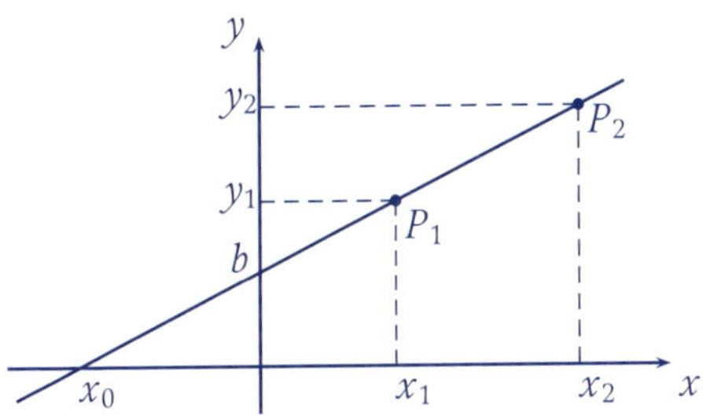

Abbildung 2.1: Beispiel einer linearen Funktion

Die Punkte $P_1 = (x_1; y_1)$ und $P_2 = (x_2; y_2)$ liegen auf der Geraden und sind durch ihre x- und y-Koordinate beschrieben.

Mit Hilfe dieser Punkte lassen sich für die Gerade zwei wichtige Eigenschaften bestimmen: Der y-Achsenabschnitt (*b*) und die Steigung (*m*). Für $P_1 \neq P_2$ kann die Steigung als Verhältnis der Abstände der jeweiligen y- und x-Koordinaten berechnet werden. Es gilt dann $m = \frac{y_2 - y_1}{x_2 - x_1}$.

Um zum y-Achsenabschnitt zu gelangen, muss nun von P_1 x_1-mal die Steigung zurückgegangen werden. Der y-Achsenabschnitt liegt dann bei $b = y_1 - \underbrace{\left(\frac{y_2 - y_1}{x_2 - x_1}\right)}_{m} \cdot x_1$.

Um die Steigung *m* und den y-Achsenabschnitt *b* einer Geraden zu bestimmen, reichen zwei (nicht identische) Punkte auf einer Geraden. Daraus folgt unmittelbar die Funktionsgleichung für lineare Funktionen:

Definition 8: Lineare Funktionen

$f(x)$ = im $m \cdot x + b$, mit x,m,b $\in \mathbb{R}$, ist eine lineare Funktion mit der Steigung m und dem y-Achsenabschnitt b. Ist $m = 0$, ist die Funktion konstant.

Um die Nullstelle (x_0) einer linearen Funktion zu ermitteln, also die Koordinate, an der die Gerade die x-Achse schneidet, muss die Funktion = 0 gesetzt werden:

Formel 9: Nullstelle einer linearen Funktion

$f(x) = 0 \Leftrightarrow m \cdot x_0 + b = 0 \Leftrightarrow x_0 = \frac{-b}{m}$, mit $x,m,b \in \mathbb{R}$

Abbildung 2.2: Video zu einer linearen Nachfragefunktion nach Schokoriegeln

Beispiel:

Betrachten Sie die Punkte $P_1 = (-1; 20)$ und $P_2 = (5; -10)$.

a) Wie lautet die Funktionsgleichung zu der Geraden, die beide Punkte schneidet?

Ansatz:

Ermittle m über $m = \frac{y_2 - y_1}{x_2 - x_1}$ und b über $b = y_1 - \frac{y_2 - y_1}{x_2 - x_1} \cdot x_1$

Lösung:

$m = \frac{-10-20}{5-(-1)} = -5$ und $b = 20 - \frac{-10-20}{5-(-1)} \cdot (-1) = 15$

$\rightarrow f(x) = -5 \cdot x + 15$

b) Wie lautet die Nullstelle (x_0) dieser Funktion?

Ansatz:

Ermittle x_0 über $x_0 = \frac{-b}{m}$

Lösung:

$x_0 = \frac{-15}{-5} = 3$

c) Skizzieren Sie die Funktion.

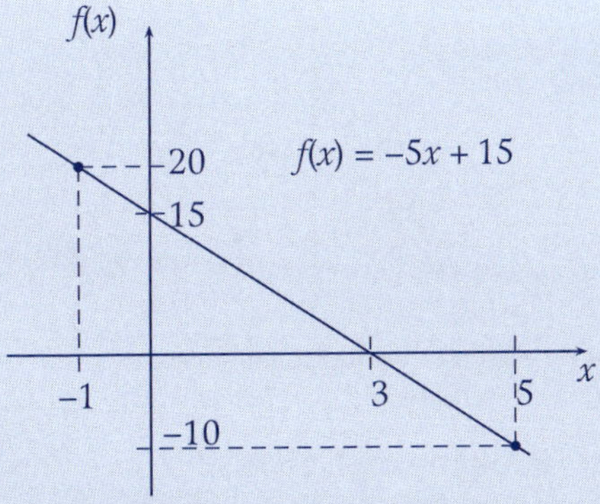

Abbildung 2.3: Beispiel einer linearen Funktion mit negativer Steigung

2.3.2 Quadratische Funktionen

Quadratische Funktionen lassen sich allgemein wie folgt definieren:

Definition 9: Quadratische Funktion

$f(x) = ax^2 + bx + c$ mit $x,a,b,c \in \mathbb{R}$ und $a \neq 0$ ist eine quadratische Funktion.

$f(x) = a \cdot (x + d)^2 + f$ mit $x,a,d,f \in \mathbb{R}$ und $a \neq 0$ ist eine quadratische Funktion in Scheitelpunktform.

Die Urform aller quadratischen Funktionen ist die Normalparabel $f(x) = x^2$. Sie ist achsensymmetrisch (zur y-Achse) und nach oben geöffnet.

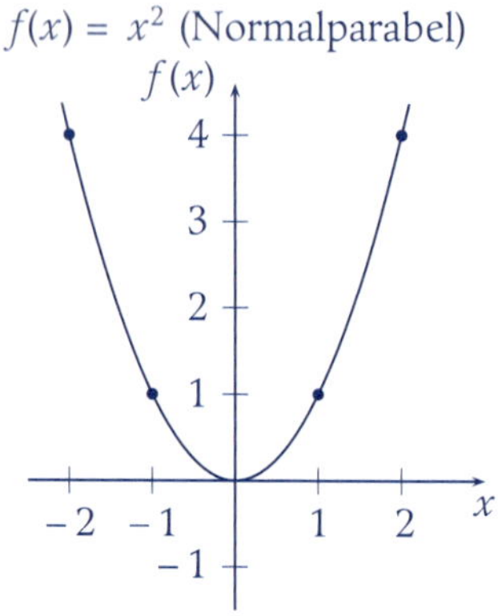

Abbildung 2.4: Beispiel einer quadratischen Funktion

Ob der Graph der Funktion nach oben oder nach unten geöffnet und ob er im Vergleich zur Normalparabel gestreckt oder gestaucht ist, kann am Wert des Parameters a abgelesen werden. Bei Stauchungen und Streckungen spielt lediglich der absolute Wert von a eine Rolle:

- Bei $a > 0$ ist der Graph der Funktion nach oben geöffnet.
- Bei $a < 0$ ist der Graph der Funktion nach unten geöffnet.
- Bei $|a| > 1$ ist der Graph der Funktion horizontal gestreckt und dadurch schmaler bzw. steiler.
- Bei $|a| < 1$ ist der Graph der Funktion horizontal gestaucht und dadurch breiter bzw. flacher.

Ob der Graph im Vergleich zur Normalparabel nach unten oder oben verschoben ist, wird durch c bestimmt:

- Bei $c > 0$ ist der Graph nach oben verschoben.
- Bei $c < 0$ ist der Graph nach unten verschoben.
- Bei $c = 0$ verläuft der Graph durch den Ursprung.

Eine Normalparabel kann natürlich auch nach links oder rechts verschoben werden. Dies lässt sich besonders gut erkennen, wenn die Funktion in Scheitelpunktform[5] vorliegt. Ob der Scheitelpunkt der quadratischen Funktion $f(x) = a \cdot (x + d)^2 + f$ nach rechts oder links verschoben ist, lässt sich an d ablesen. f gibt an, ob der Scheitelpunkt nach unten oder oben verschoben ist.

[5] Um eine quadratische Funktion von der allgemeinen Form in die Scheitelpunktform zu überführen, wird die Quadratische Ergänzung verwendet. Siehe dazu Heldermann (2012), S. 95.

Es gilt:

- Bei $d > 0$ ist der Graph um d-Einheiten nach links verschoben.
- Bei $d < 0$ ist der Graph um d-Einheiten nach rechts verschoben.
- Bei $f < 0$ ist der Graph um f-Einheiten nach unten verschoben.
- Bei $f > 0$ ist der Graph um f-Einheiten nach oben verschoben.

Nachfolgend sind einige Beispiele von quadratischen Funktionen dargestellt, die in verschiedenen Varianten verändert sind:

Beispiele:

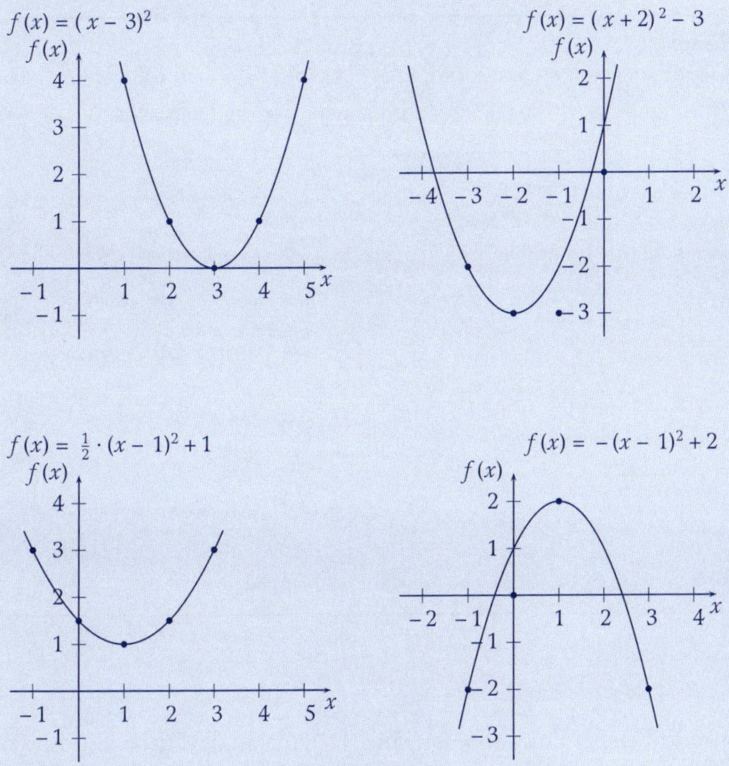

Abbildung 2.5: Vier Beispiele für quadratische Funktionen

Um die Nullstellen einer quadratischen Funktion, also den Schnittpunkt mit der x-Achse, zu bestimmen, muss die Funktion null gesetzt werden. Eine Möglichkeit, quadratische Funktionen zu lösen, ist die *pq-Formel*:

Formel 10: Nullstellen einer quadratischen Funktion (*pq*-Formel)

Bei $x^2 + p \cdot x + q = 0$ sind

$x_1 = -\frac{p}{2} + \sqrt{(\frac{p}{2})^2 - q}$ und $x_2 = -\frac{p}{2} - \sqrt{(\frac{p}{2})^2 - q}$ die Nullstellen der Funktion.

Es gibt genau eine Nullstelle, wenn $(\frac{p}{2})^2 - q = 0$

Es gibt keine Nullstellen, wenn $(\frac{p}{2})^2 - q < 0$

Es gibt zwei Nullstellen, wenn $(\frac{p}{2})^2 - q > 0$

Beispiel:

Gegeben ist folgende quadratische Funktion: $f(x) = -x^2 + 8x - 12$

Skizzieren Sie die Funktion und berechnen Sie die Nullstellen.

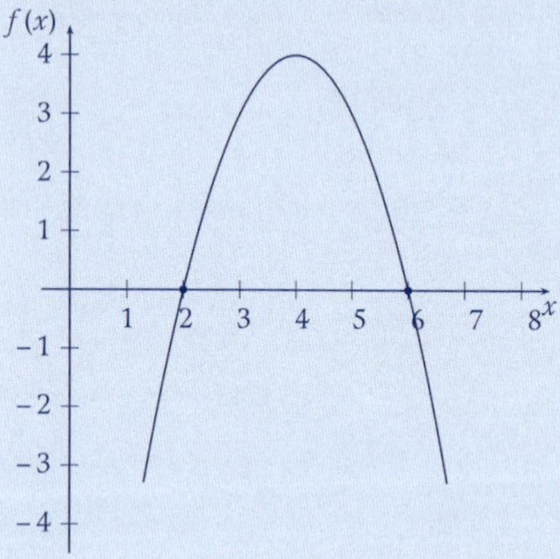

Nullstellen: $(x) = 0$

$\Leftrightarrow -x^2 + 8x - 12 = 0 \quad | \cdot (-1)$

$\Leftrightarrow x^2 \underbrace{-8}_{p} x + \underbrace{12}_{q} = 0$

$x_{1,2} = -\frac{-8}{2} \pm \underbrace{\sqrt{\left(\frac{-8}{2}\right)^2 - 12}}_{2}$

$x_1 = \frac{8}{2} + 2 = 6$

$x_2 = \frac{8}{2} - 2 = 2$

Abbildung 2.6: Quadratische Funktion mit Nullstellen

2.3.3 Kubische Funktionen

Eine kubische Funktion ist eine ganzrationale Funktion dritten Grades:

Definition 10: Kubische Funktion

$f(x) = ax^3 + bx^2 + cx + d$ mit $x,a,b,c,d \in \mathbb{R}$ und $a \neq 0$ heißt kubische Funktion oder Polynom dritten Grades.

$f(x) = a \cdot (x + f)^3 + g$ mit $x,a,f,g \in \mathbb{R}$, $a \neq 0$ heißt kubische Funktion in Scheitelpunktform.

Eine einfache kubische Funktion mit $a = 1$ und $b,c,d = 0$ kann durch Einsetzen der x-Werte $\{-1{,}5;-1;0;1;1{,}5\}$ in $f(x)$ skizziert werden:

$f(x) = x^3$ (Kubische Funktion)

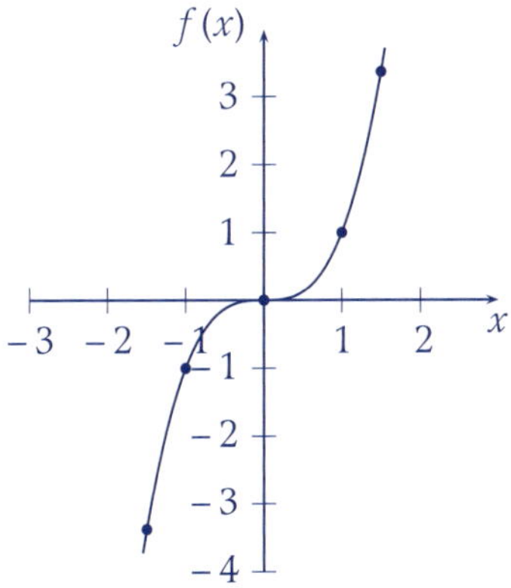

Abbildung 2.7: Beispiel einer kubischen Funktion

Ob der Graph der kubischen Funktion von links unten nach rechts oben läuft und ob der Graph gestreckt oder gestaucht ist, kann am Wert des Parameters a abgelesen werden:

- Bei $a > 0$ läuft der Graph von unten links nach oben rechts.
- Bei $a < 0$ läuft der Graph von oben links nach unten rechts.
- Bei $|a| > 1$ ist der Graph der Funktion horizontal gestreckt und dadurch schmaler bzw. steiler.
- Bei $|a| < 1$ ist der Graph der Funktion horizontal gestaucht und dadurch breiter bzw. flacher.

Ob der Graph nach unten oder oben verschoben ist, wird durch d bestimmt:

- Bei $d > 0$ ist der Graph nach oben verschoben.
- Bei $d < 0$ ist der Graph nach unten verschoben.
- Bei $d = 0$ verläuft der Graph durch den Ursprung.

Der Graph einer kubischen Funktion kann auch nach links oder rechts verschoben werden. Dies lässt sich besonders gut erkennen bei kubischen Funktionen in Scheitelpunktform, z. B. $f(x) = a \cdot (x + f)^3 + g$:

- Bei $f > 0$ ist der Graph um f-Einheiten nach links verschoben.
- Bei $f < 0$ ist der Graph um f-Einheiten nach rechts verschoben.
- Bei $g < 0$ ist der Graph um g-Einheiten nach unten verschoben.
- Bei $g > 0$ ist der Graph um g-Einheiten nach oben verschoben.

Um den y-Achsenabschnitt einer kubischen Funktion zu berechnen, muss $f(0)$ berechnet werden. Die Nullstellen werden, analog zum Vorgehen bei linearen und quadratischen Funktionen, durch „Nullsetzen" der Funktion berechnet.

Beispiel 1:

Skizzieren* Sie die Funktion $f(x) = x^3 - 10$ und bestimmen Sie die Nullstelle.

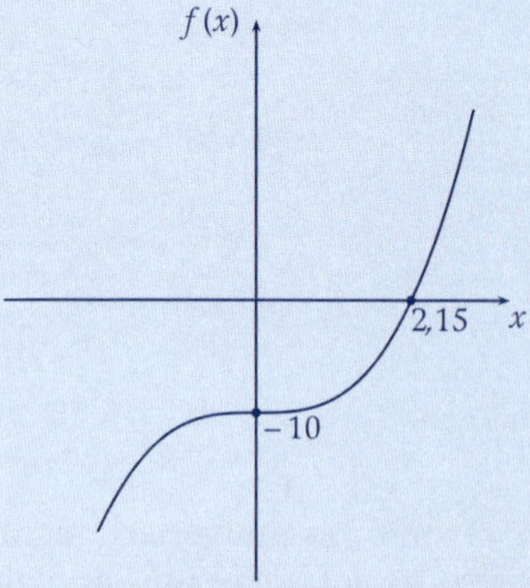

Der y-Achsenabschnitt:

$f(0) = 0^3 - 10 \Leftrightarrow f(0) = -10$

Die Nullstelle:

$$f(x_0) = 0$$
$$\Leftrightarrow x_0^3 - 10 = 0 \qquad | +10$$
$$\Leftrightarrow x_0^3 = 10 \qquad | \,()^{\frac{1}{3}} \; bzw. \; \sqrt[3]{}$$
$$\Leftrightarrow x_0 = \sqrt[3]{10}$$
$$\Leftrightarrow x_0 \approx 2{,}15$$

Abbildung 2.8: Beispiel einer kubischen Funktion mit Nullstelle

*Hinweis: Eine Skizze sollte alle charakteristischen Informationen beinhalten. Hier: Der Verlauf und die Form (kubische Funktion, von unten links nach oben rechts), der Achsenabschnitt und die Nullstelle.

Beispiel 2:
Skizzieren Sie die Funktion $f(x) = (x + 2)^3 - 2$ mit einer Wertetabelle*.

x	$f(x)$
-12	-1002
-10	-514
-8	-218
-6	-66
-4	-10
-2	-2
0	6
2	62
4	214
6	510
8	998

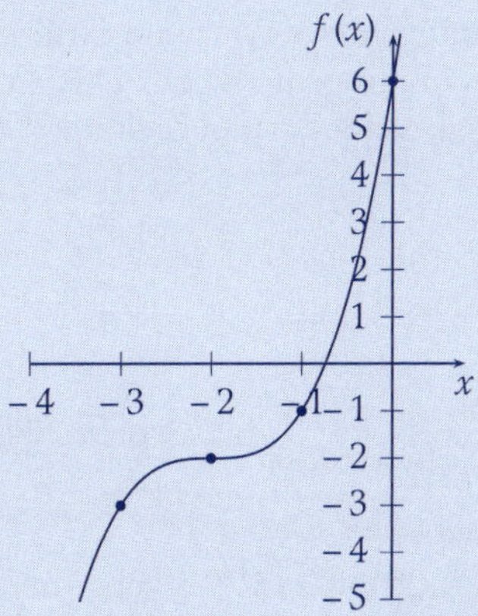

Abbildung 2.9: Beispiel einer verschobenen kubischen Funktion

*Hinweis: Es sollten möglichst prägnante und ausreichend viele Werte in eine Wertetabelle eingetragen werden. Es macht auch hier unbedingt Sinn, sich vorher über den etwaigen Verlauf der Funktion Gedanken zu machen und dementsprechende Werte einzusetzen.

2.3.4 Gebrochenrationale Funktionen

Gebrochenrationale Funktionen sind ein weiterer wichtiger Funktionstyp. Das bekannteste Beispiel ist $f(x) = \frac{1}{x}$. Bei einer gebrochenrationalen Funktion stehen genau genommen ganzrationale Funktionen im Nenner und Zähler der Funktion:

Definition 11: Gebrochenrationale Funktion

Die Funktion $f(x) = \frac{h(x)}{g(x)}$ mit $g(x) \neq 0$ ist eine gebrochenrationale Funktion. Bei einer echt gebrochenrationalen Funktion gilt $h(x) < g(x)$. $h(x)$ kann dabei auch konstant sein.

Bei diesem Funktionstyp dürfen nicht alle reellen Zahlen für x eingesetzt werden. Denn solche x-Werte, die zu einem Null-Nenner führen, sind mathematisch nicht erlaubt. Es müssen demnach Überlegungen zum Definitionsbereich angestellt werden.

Steht eine Funktion im Nenner der Funktion, darf diese nicht Null ergeben. Einfachstes Beispiel für eine gebrochenrationale Funktion ist $f(x) = \frac{1}{x}$ mit $D_f = \mathbb{R}\backslash\{0\}$. Die Funktionswerte für $f(x)$ gehen bei dieser Funktion gegen Null, wenn die x-Werte (im Betrag) sehr groß werden. Je näher die x-Werte an Null liegen, desto größer wird die Funktion im Betrag hingegen. Das Verhalten von Funktionen in diesen Grenzbereichen äußert sich wie folgt:

- $\lim\limits_{x\to\infty} \frac{1}{x} = 0$,
  d.h. die Funktion $f(x) = \frac{1}{x}$ geht bei immer größer werdenden x-Werten gegen Null.
- $\lim\limits_{x\to-\infty} \frac{1}{x} = 0$,
  d.h. die Funktion $f(x) = \frac{1}{x}$ geht bei immer kleiner werdenden x-Werten gegen Null.
- $\lim\limits_{x\to 0} \frac{1}{x} = \infty$,
  d.h. die Funktion $f(x) = \frac{1}{x}$ geht für positive x-Werte, die immer kleiner werden, gegen positiv Unendlich.
- $\lim\limits_{-x\to 0} \frac{1}{x} = -\infty$,1
  d.h. die Funktion $f(x) = \frac{1}{x}$ geht für negative x-Werte, die immer größer werden, gegen negativ Unendlich.

Zusätzlich zu den gesammelten Informationen zur Funktion $f(x) = \frac{1}{x}$ wird noch eine Wertetabelle angelegt. Der Graph der Funktion sieht dann wie folgt aus:

x	$f(x) = \frac{1}{x}$
−100	−0,01
−2	$-\frac{1}{2}$
−1	−1
−0,01	−100
1	1
2	$\frac{1}{2}$
100	0,01

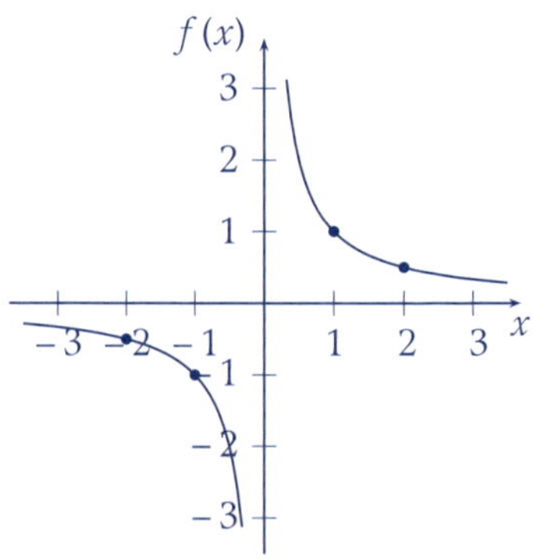

Abbildung 2.10: Beispiel einer Gebrochenrationalen Funktion

Der Graph einer gebrochenrationalen Funktion kann, analog zu den bisher eingeführten Funktionen, verschoben sein.

Definition 12: Verschiebungen einer gebrochenrationalen Funktion

$f(x) = \frac{1}{x+a} + b$ mit $x, a, b \in \mathbb{R}$ und $x + a \neq 0$ ist eine um a nach links oder rechts und um b nach unten oder oben verschobene gebrochenrationale Funktion.

Beispiel:
Eine gebrochenrationale Funktion kann auch ausschließlich einen positiven Wertebereich haben. Dieses gilt beispielsweise für folgende Funktion:
mit $f(x) = \frac{1}{x^2}$ $D_f = \mathbb{R}\backslash\{0\}$

x	$f(x)$
−100	0,0001
−2	$\frac{1}{4}$
−1	1
0	/
1	1
2	$\frac{1}{4}$
100	0,0001

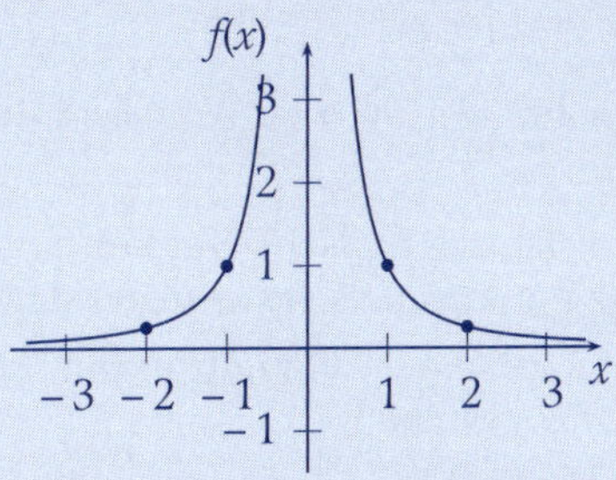

Abbildung 2.11: Beispiel einer gebrochenrationalen Funktion mit positivem Wertebereich

2.3.5 Wurzelfunktionen

Bei einer Wurzelfunktion steht der variable Funktionsterm unter einer Wurzel.

Definition 13: Allgemeine Wurzelfunktion

$f(x) = a\sqrt[n]{bx + c} + d$ mit $x, a, b, c, d \in \mathbb{R}$, $n \in \mathbb{N}$, $a, b \neq 0$ ist eine allgemeine Wurzelfunktion vom Typ n. Für gerade n gilt $bx + c \geq 0$. Ist $n = 2$, handelt es sich um eine Quadratwurzelfunktion.

In der Definition wird deutlich, dass unter der Wurzel keine negativen Zahlen stehen dürfen. Der Definitionsbereich muss also entsprechend gewählt werden. Einfachstes Beispiel ist die Quadratwurzelfunktion $f(x) = \sqrt{x}$, mit $x \geq 0$ bzw. $D_f = \mathbb{R}_0^+$.

Um diese Funktion zu skizzieren, wird im Folgenden eine Wertetabelle angelegt.

x	$f(x)$
0	0
1	1
2	1,41
4	2
9	3
16	4

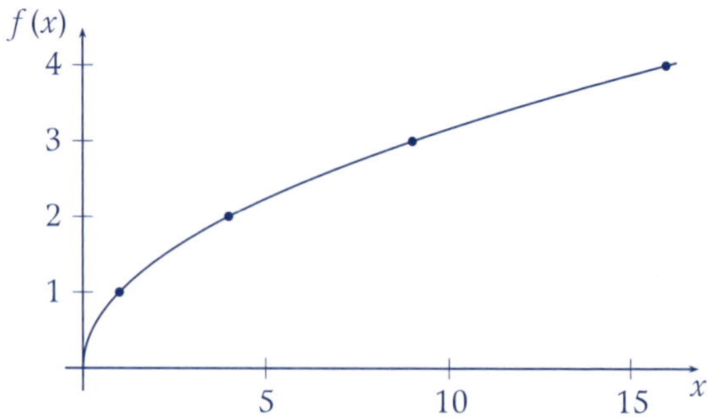

Abbildung 2.12: Beispiel einer Wurzelfunktion

Zu sehen ist der typische Verlauf einer Wurzelfunktion: Anfangs steigt die Funktion stark an, später dann weniger stark.

Ob der Graph einer Wurzelfunktion an der x-Achse gespiegelt, gestreckt oder gestaucht ist, kann am Wert des Parameters a abgelesen werden:

- Bei $a > 0$ läuft der Graph von unten links nach oben rechts.
- Bei $a < 0$ ist der Graph an der x-Achse gespiegelt.
- Bei $|a| > 1$ ist der Graph der Funktion horizontal gestreckt und dadurch schmaler bzw. steiler.
- Bei $|a| < 1$ ist der Graph der Funktion horizontal gestaucht und dadurch breiter bzw. flacher.

Ob der Graph nach links oder rechts verschoben ist, wird durch c bestimmt:

- Ist $c > 0$, ist der Graph nach links verschoben.
- Ist $c < 0$, ist der Graph nach rechts verschoben.

Ob der Graph nach unten oder oben verschoben ist, wird durch d bestimmt:

- Bei $d > 0$ ist der Graph nach oben verschoben.
- Bei $d < 0$ ist der Graph nach unten verschoben.
- Bei $d = 0$ verläuft der Graph durch den Ursprung.

Bei der Umformung von Wurzelfunktionen werden häufig die Rechengesetze für Wurzeln benötigt. Daher sind diese hier noch einmal aufgeführt:

Formel 11: Rechengesetze für Wurzelfunktionen

Für positive Zahlen a, b und $n, m, k \in \mathbb{N}$ gelten die folgenden Rechengesetze:

- Produktregel: $\sqrt[n]{a} \cdot \sqrt[n]{b} = \sqrt[n]{a \cdot b}$
- Quotientenregel: $\frac{\sqrt[n]{a}}{\sqrt[n]{b}} = \sqrt[n]{\frac{a}{b}}$
- Verschachtelungsregel oder Iterationsregel: $\sqrt[k]{\sqrt[n]{a}} = \sqrt[k \cdot n]{a}$
- Definition für gebrochene Exponenten: $a^{-\frac{m}{n}} = \frac{1}{a^{\frac{m}{n}}}$
- Bei gleichem Radikand gilt: $\sqrt[n]{a} \cdot \sqrt[m]{a} = a^{\frac{1}{n}+\frac{1}{m}} = \sqrt[n \cdot m]{a^{n+m}}$

Beispiel

Zeichnen Sie die Funktion $f(x) = 2\sqrt{x} - 9$ mit $D_f = \mathbb{R}_0^+$ und berechnen Sie die Nullstelle.

x	$f(x)$
0	-9
1	-7
4	-5
9	-3
16	-1
25	1

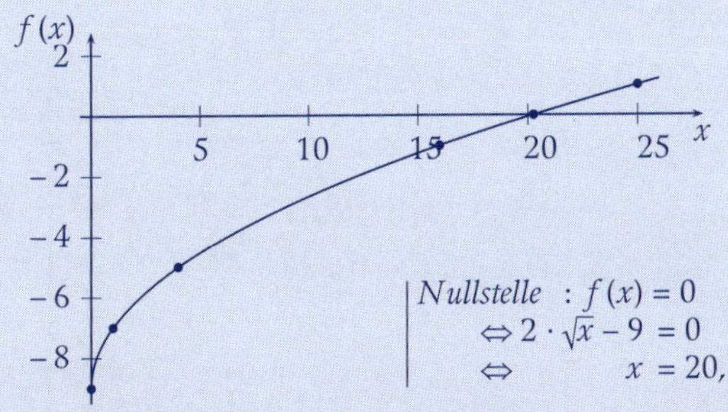

Nullstelle : $f(x) = 0$

$\Leftrightarrow 2 \cdot \sqrt{x} - 9 = 0$

$\Leftrightarrow \quad x = 20{,}25$

Abbildung 2.13: Beispiel einer Wurzelfunktion mit Nullstelle

2.3.6 Exponentialfunktionen

Eine Exponentialfunktion ist allgemein wie folgt definiert:

Definition 14: Exponentialfunktion

$f(x) = a^x + b$ mit $x,a,b \in \mathbb{R}$, $a > 0$ und $a \neq 1$ ist eine Exponentialfunktion.

Exponentialfunktionen sind im Grunde schon aus Kapitel 1.3 (Geometrische Folgen) bekannt. Eine geometrische Folge der Form $a_n = a_0 \cdot q^n$ ist bei einem bekannten q eine Exponentialfunktion. So kann der Kapitalendwert einer Geldanlage von 30 € bei einem Zinssatz von 2 % pro Jahr im Laufe der Jahre (mit Zinseszins) über die Exponentialfunktion $K_n = 30\ € \cdot 1{,}02^n$ berechnet werden.

Ob der Graph einer Exponentialfunktion verschoben ist, kann am Parameter b abgelesen werden:

- Bei $b > 0$ ist der Graph nach oben verschoben.
- Bei $b < 0$ ist der Graph nach unten verschoben.

Ferner gilt für $f(x) = a^x + b$ mit $a > 1$

- $\lim\limits_{x \to \infty} f(x) = \infty$,

  d. h. die Funktion $f(x)$ geht bei immer größer werdenden x-Werten gegen Unendlich.
- $\lim\limits_{x \to -\infty} f(x) = b$,

  d. h. die Funktion $f(x)$ geht bei immer kleiner werdenden x-Werten gegen b.

Beispiel: $f(x) = 2^x$

x	$f(x)$
−2	0,25
−1	0,5
0	1
1	2
2	4

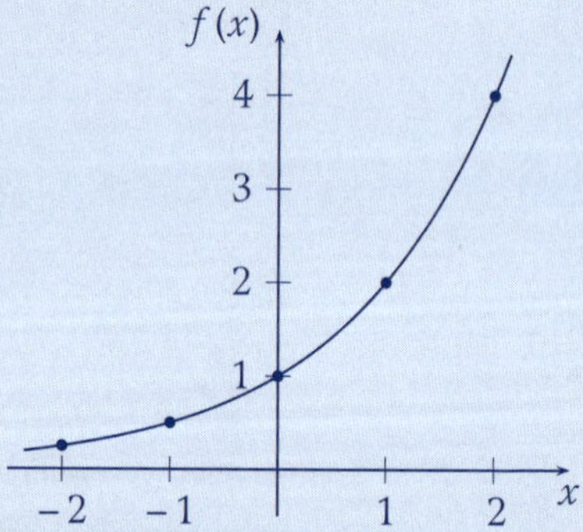

Abbildung 2.14: Beispiel einer Exponentialfunktion

Wenn $0 < a < 1$ liegt, handelt es sich auch um eine Exponentialfunktion, allerdings um eine exponentiell fallende. Ein finanzmathematisches Beispiel hierfür sind geometrische Abschreibungen (siehe Kapitel 1.4.2.4).

Für $f(x) = a^x + b$ mit $0 < a < 1$ gilt

- $\lim\limits_{x \to \infty} f(x) = b,$

  d. h. die Funktion $f(x)$ geht bei immer größer werdenden x-Werten gegen b.
- $\lim\limits_{x \to -\infty} f(x) = \infty,$

  d. h. die Funktion $f(x)$ geht bei immer kleiner werdenden x-Werten gegen Unendlich.

Beispiel: $f(x) = \left(\frac{1}{2}\right)^x$

x	$f(x)$
−2	4
−1	2
0	1
1	0,5
2	0,25

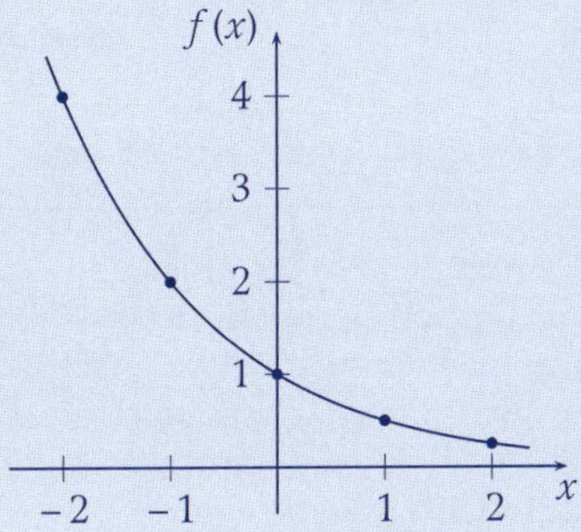

Abbildung 2.15: Beispiel einer Exponentialfunktion mit kleiner Basis

Eine sehr bedeutende Exponentialfunktion hat als Basis die Eulersche Zahl $e = 2{,}7182$ [...]. Sie wird häufig auch als e-Funktion bezeichnet. Die einfachste e-Funktion lautet $f(x) = e^x$. Benannt wurde die Eulersche Zahl nach ihrem Entdecker und Namensgeber Leonhard Euler (1707–1783).

Beispiel: $f(x) = e^x$ (Eulersche Zahl $e^1 = 2{,}718281...$)

x	$f(x)$
−2	0,135
−1	0,368
0	1
1	2,718
1,5	4,482

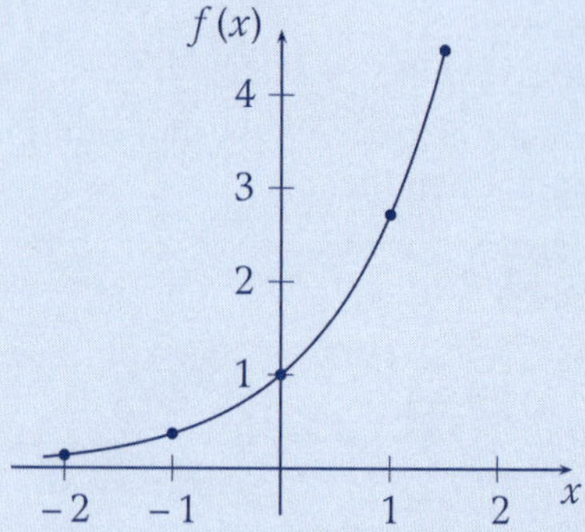

Abbildung 2.16: Beispiel einer e-Funktion

Die ersten Stellen der Eulerschen Zahl wurden schon von Bernoulli (1655–1705) in einer spannenden finanzmathematischen Anwendung gefunden. So resultiert die Eulersche Zahl, wenn ein bestimmter Betrag unendlich oft unterjährig verzinst wird:

Nachfolgend wird das Kapital nach einem Jahr bei einem Zinssatz von 100 % berechnet. Das Startkapital beträgt € 10.

$$K_1 = K_0 \cdot q^n \rightarrow K_1 = 10 \cdot (1 + 1)^1 = 20$$

Aus € 10 wird also € 20. Doch nun werden die Zinsen nicht nach einem Jahr gezahlt, sondern zweimal nach 6 Monaten. Allerdings dann nicht 100 %, sondern die anteiligen Zinsen am Jahr (also 50 %). Dieses ist das Prinzip der unterjährigen Verzinsung. Die Zinsen der ersten 6 Monate verzinsen sich das restliche Jahr weiter, daher kommt es zu einem höheren Endwert:

$$K_1 = 10 \cdot (1 + 0{,}5)^2 = 22{,}5.$$

Jetzt wird die Anzahl der unterjährigen Verzinsungszeitpunkte weiter erhöht. Beispielsweise auf eine tägliche Verzinsung:

$$K_1 = 10 \cdot (1 + \tfrac{1}{365})^{365} \approx 27{,}15$$

Und so sähe es aus bei minütlicher Verzinsung (ein normales Jahr hat 525600 Minuten):

$$K_1 = 10 \cdot \left(1 + \frac{1}{525600}\right)^{525600} = 27{,}182685$$

Der Endwert erhöht sich durch die minütliche Verzinsung nicht mehr viel. Das wird noch weniger, wenn die Verzinsungszeitpunkte weiter erhöht werden. Es ist (mathematisch) ein so genannter Grenzwert erreicht. Das Verhältnis von Endwert zu Startwert entspricht bei unendlich vielen Verzinsungszeitpunkten genau der Eulerschen Zahl (bei minütlicher Verzinsung stimmt die Zahl schon auf vier Nachkommastellen: $\frac{27{,}182685}{10} = 2{,}7182685 \approx e$).

2.3.7 Logarithmusfunktionen

Der Logarithmus einer Zahl a ist definiert als jener Exponent, mit dem eine bestimmte Zahl b (die so genannte Basis) potenziert werden muss, um die Zahl a zu erhalten.

Definition 15: Logarithmus

Seien $a,b \in \mathbb{R}^+$, dann gilt für $a = b^x$ auch $x = log_b a$.

Für $a = 2$ und $b = 3$ kann bei $2 = 3^x$ der Wert für x also mit Hilfe des Logarithmus berechnet werden: $x = \log_3 2 \approx 0{,}6309$.

Der Logarithmus zur Basis der Eulerschen Zahl e wird auch als natürlicher Logarithmus bezeichnet:

Definition 16: Natürlicher Logarithmus

Sei $a \in \mathbb{R}^+$, dann gilt für $a = e^x$ auch $x = log_e a = ln(a)$.

Die Funktion des natürlichen Logarithmus ist also genau die Umkehrfunktion zur e-Funktion. Demnach ist bei $f(x) = e^x$ beispielsweise der Wert für $x = 1$, also $f(1) = e^1 \approx 2{,}72$. Gleichzeitig ist bei $f(x) = ln(x)$ der Wert für $x = e^1$, also $f(e^1) = ln(e^1) = 1$.

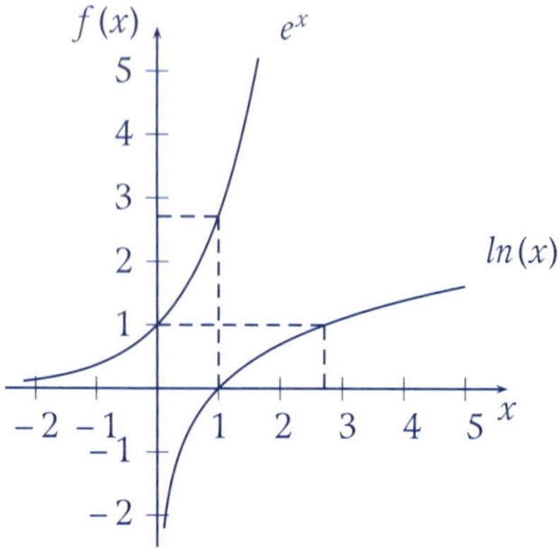

Abbildung 2.17: e-Funktion und Logarithmusfunktion

Für $f(x) = ln(x)$ mit $x > 0$ gilt

- $\lim_{x \to \infty} f(x) = \infty$,

  d. h. die Funktion $f(x)$ geht bei immer größer werdenden x-Werten gegen Unendlich.
- $\lim_{x \to 0} f(x) = -\infty$,

  d. h. die Funktion $f(x)$ geht bei positiven, immer kleiner werdenden x-Werten gegen unendlich Negativ.

Beispiel:

$f(x) = ln(x)$ mit $D_f = \mathbb{R}^+$

x	$f(x)$
0,001	−6,91
0,5	−0,69
1	0
2	0,69
10	2,3

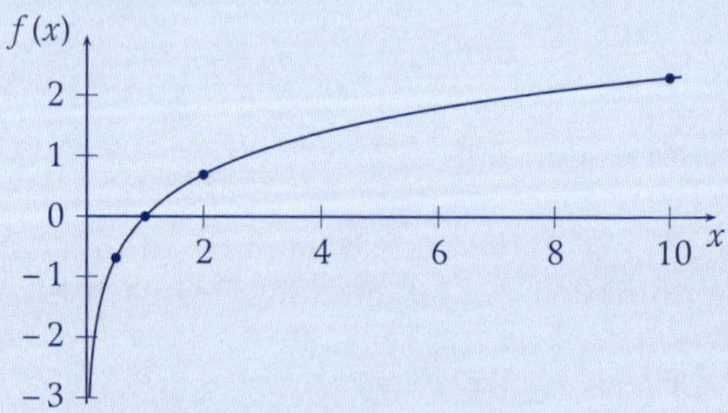

Abbildung 2.18: Beispiel einer Logarithmusfunktion

$ln(x)$ ist die Umkehrfunktion zu e^x,

z. B. $ln(5) \approx 1{,}61$

$e^{1{,}61} \approx 5$

2.3.8 Verschiebungen, Streckungen, Stauchungen und Spiegelung von Graphen

Eine Funktion lässt sich – wie an diversen Beispielen gezeigt – mit einer Wertetabelle skizzieren. Doch dies kann teilweise recht lange dauern, vor allem wenn unklar ist, welche Werte eigentlich eingesetzt werden sollen. Es ist daher empfehlenswert, sich vor einer Skizze Gedanken über den Verlauf der Funktion zu machen. Wenn der Standardfunktionsverlauf bekannt ist, muss häufig nur noch eine Überlegung zu einer möglichen Transformation angestellt werden. $f(x) = 4(x + 1)^3 - 2$ beruht beispielsweise auf dem Standardverlauf von $f(x) = x^3$. Der Graph der Funktion ist hier aber offensichtlich manipuliert (um 2 nach unten und um 1 nach links verschoben und mit dem Faktor 4 vertikal gestreckt). Solche Manipulationen wurden in den vorherigen Abschnitten für die Funktionstypen betrachtet. Anbei eine Übersicht zu möglichen Manipulationen:

Operation	**Funktionsterm des neuen Graphen**
Vertikalverschiebung um eine Konstante a $a > 0$: Verschiebung um a Einheiten nach oben $a < 0$: Verschiebung um a Einheiten nach unten	$g(x) = f(x) + a$
Horizontalverschiebung um eine Konstante a $a > 0$: Verschiebung um a Einheiten nach links $a < 0$: Verschiebung um a Einheiten nach rechts	$g(x) = f(x + a)$
Vertikale Streckung / Stauchung um Faktor c ($c > 0$) $c > 1$: Vertikale Streckung / Dehnung $c < 1$: Vertikale Stauchung	$g(x) = cf(x)$
Horizontale Streckung / Stauchung um Faktor c ($c > 0$) $c > 1$: Horizontale Stauchung $c < 1$: Horizontale Streckung / Dehnung	$g(x) = f(c \cdot x)$
Vertikale Spiegelung (an der x-Achse)	$g(x) = -f(x)$
Horizontale Spiegelung (an der y-Achse)	$g(x) = f(-x)$

2.4 Funktionen in der Praxis

Ein klassisches Beispiel für den Einsatz von Funktionen in der betriebswirtschaftlichen Praxis sind Erlös-, Kosten- und Gewinnfunktionen. Zur Veranschaulichung des Zusammenhangs dieser Funktionen wird im Folgenden angenommen, dass ein Unternehmen A ein Produkt herstellt und am Markt verkauft. Der Gewinn ist definiert als Erlös (auch: Umsatz) abzüglich der Kosten, die durch die Herstellung entstehen. *Hinweis: Es handelt sich streng genommen um einen Deckungsbeitrag, da Fixkosten ausgeblendet werden.*

2.4.1 Erlösfunktion

Eine Erlösfunktion ist zum Beispiel $E(x) = 80x - 2x^2$. Der ökonomisch sinnvolle Definitionsbereich ist dabei $D_x \geq 0$. Klassischerweise (und so auch hier) steigt der Erlös anfangs an, irgendwann kehrt sich die Steigung jedoch um. Der Grund dafür liegt in der endlichen Nachfrage.

Diese beispielhafte Erlösfunktion hat folgenden Verlauf:

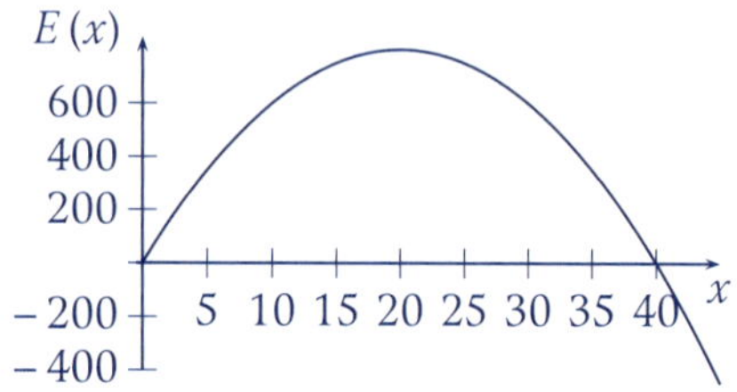

Abbildung 2.19: Beispiel einer Erlösfunktion

Diese Erlösfunktion ist hier eine nach rechts und nach oben verschobene quadratische Funktion. Der Graph ist nach unten geöffnet und die Funktion hat zwei Nullstellen:

$$E(x) = 0 \Leftrightarrow 80x - 2x^2 = 0$$
$$\Leftrightarrow x(80 - 2x) = 0$$
$$\Leftrightarrow x_1 = 0 \wedge 80 - 2x_2 = 0 \Rightarrow x_2 = 40$$

Die zweite Nullstelle kann dabei als Umsatzgrenze interpretiert werden, also jene Menge, bei der der Markt gesättigt ist und keine Nachfrage, auch nicht für geschenkte Produkte, mehr besteht (= Sättigungsmenge).

2.4.2 Kostenfunktion

Die Kosten steigen mit wachsender Produktion (je mehr x produziert wird, desto mehr absolute Kosten entstehen). Solche Kostenfunktionen können ganz unterschiedliche Verläufe haben (z.B. progressiv, linear, degressiv). Hier wird angenommen, dass die Kosten progressiv ansteigen. Ein beispielhafter Kostenverlauf kann durch die Funktion $K(x) = 3x^2 + x$ mit $D_x \geq 0$ beschrieben werden.[6]

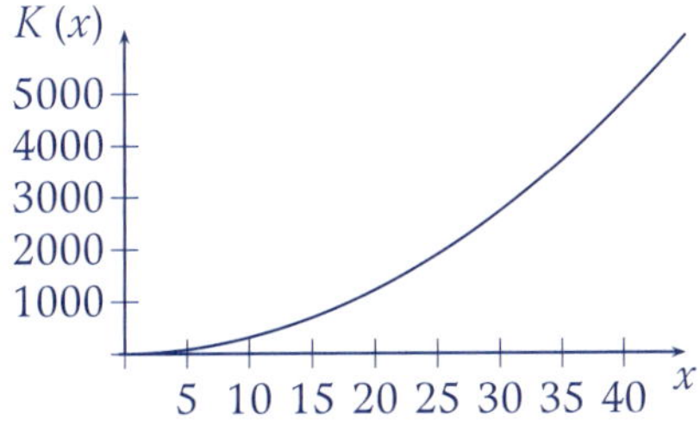

Abbildung 2.20: Beispiel einer Kostenfunktion

2.4.3 Gewinnfunktion

Der Gewinn ist hier definiert als Erlöse minus Kosten. Die Gewinnfunktion ist also die Differenz der Erlös- und Kostenfunktion.

$$G(x) = E(x) - K(x)$$

Damit würde die Gewinnfunktion für die zuvor eingeführte Erlös- und Kostenfunktion wie folgt lauten: $G(x) = (80x - 2x^2) - (3x^2 + x) = 79x - 5x^2$

Die Nullstellen dieser Gewinnfunktion sind:

$$G(x) = 0 \Leftrightarrow 79x - 5x^2 = 0$$
$$\Leftrightarrow x(79 - 5x) = 0 \Rightarrow x_1 = 0 \wedge x_2 = \tfrac{79}{5} = 15{,}8$$

In diesem Beispiel erwirtschaftet das Unternehmen also nur dann einen positiven Gewinn, wenn es mehr als 0 und weniger als 15,8 Einheiten produziert und anbietet.

6 Dies ist eine Kostenfunktion ohne Fixkosten – erkennbar am Start im Ursprung.

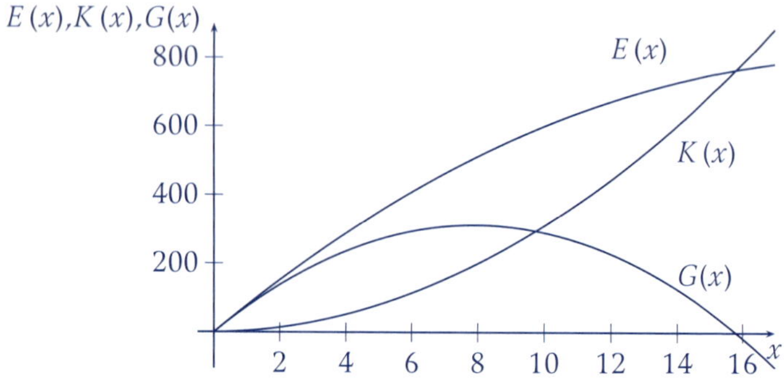

Abbildung 2.21: Erlös-, Kosten- und Gewinnfunktion

Wenn das Unternehmen Gewinnmaximierung betreibt, sollte es soviel produzieren, dass $G(x)$ maximal wird. Wie das Maximum einer Funktion berechnet werden kann, ist wesentlicher Bestandteil des nächsten Kapitels.

3 Differentialrechnung

Lernziele

In diesem Kapitel lernen Sie:

- bekannte Funktionstypen mit Hilfe von Regeln abzuleiten,
- markante Punkte mit Hilfe von Ableitungen zu berechnen,
- die berechneten Punkte im Hinblick auf betriebswirtschaftliche Fragestellungen zu interpretieren und
- die Lagrange-Funktion zur Berechnung von Extremstellen bei Funktionen mit mehreren Unbekannten unter Nebenbedingungen kennen.

3.1 Einführung

Die Differentialrechnung gehört, zusammen mit der Integralrechnung, zur Infinitesimalrechnung als Bestandteil der Analysis. Besser bekannt ist sie unter dem Stichwort Ableitung einer Funktion.

Als Ableitung wird im Folgenden die Steigung einer Funktion in einem Punkt verstanden. Die Steigung einer Funktion ist für viele ökonomische Modelle wesentlich, beispielsweise bei der Bestimmung von Grenzkosten, bei der berechnet wird, um wieviel Einheiten die Kosten ansteigen, wenn die produzierte Menge um eine Einheit zunimmt. Ein weiteres Anwendungsfeld der Differentialrechnung ist die Bestimmung von lokalen Extrempunkten, beispielsweise eines Gewinnmaximums oder eines Kostenminimums. Solche Extremstellen lassen sich mit der Differentialrechnung schnell identifizieren, da die Steigung der entsprechenden Funktion in diesen Punkten Null ist.

In den nächsten Abschnitten wird gezeigt, wie unterschiedliche Funktionstypen abgeleitet werden können. Dabei werden sukzessiv bestimmte Ableitungsregeln eingeführt und anschließend die Bedeutung der Ableitung zur Bestimmung von Minimum, Maximum und Sattelpunkt erläutert.

3.2 Ableitung verschiedener Funktionstypen

3.2.1 Lineare Funktionen

Die Steigung einer linearen Funktion lässt sich an folgendem Beispiel beschreiben: Bei der Funktion $f(x) = 2x+1$ handelt es sich um eine lineare Funktion. Die Steigung gibt an, um wie viele Einheiten sich der Funktionswert verändert, wenn zu einem bestimmten x-Wert eine (unendlich kleine) Einheit hinzu kommt. Oder anders gesagt: Um wie viel nach oben oder unten gegangen werden muss, bei einem Schritt nach rechts.

Bei einer linearen Funktion macht es keinen Unterschied, an welcher Stelle der Funktion die Steigung betrachtet wird, da die Steigung immer gleich groß ist (das ergibt sich allein schon aus dem Verständnis von „linear"). Wie groß ist aber die Steigung in obigem Beispiel? Bei Betrachtung der Funktion im Punkt $x = 0$ beträgt der Funktionswert $f(0) = 1$. Wird die Funktion nun um Eins erhöht, steigt der Funktionswert auf $f(1) = 3$ an. Die Funktion ist also um zwei Einheiten angestiegen. Dies gilt bei dieser linearen Funktion für jeden Ausgangspunkt, z. B. $f(4) = 9$ und $f(5) = 11$, $f(-2) = -3$ und $f(-1) = -1$ etc.

Die Steigung ist somit bei der Funktion $f(x) = 2x + 1$ in jedem Punkt „2" und gibt an, wie viel bei einem Schritt nach rechts nach oben gegangen werden muss. Mathematisch wird dies wie folgt ausgedrückt: $f'(x) = 2$.

Allgemein folgt daraus die erste Ableitungsregel für lineare Funktionen:

Formel 12: Ableitungsregel für lineare Funktionen

Die Ableitung von $f(x) = mx + b$ mit $x,m,b \in \mathbb{R}$ lautet $f'(x) = m$.

3.2.2 Quadratische Funktionen

Bei quadratischen Funktionen ist der Wert der Ableitung bzw. die Steigung nicht in allen Punkten gleich. Es gibt Bereiche, in denen die Funktion fällt, und einen Punkt, in dem die Funktion weder ansteigt noch abnimmt.

Für quadratische Funktionen gibt es eine allgemeine Ableitungsregel:

Formel 13: Ableitungsregel für quadratische Funktionen

Die Ableitung von $f(x) = ax^2 + bx + c$ mit $x,a,b,c \in \mathbb{R}$ und $a \neq 0$ lautet $f'(x) = 2a \cdot x + b$.

Die Ableitung einer quadratischen Funktion ist also laut Ableitungsregel nicht konstant, sondern von x abhängig. Dies wird bei Betrachtung des einfachen Beispiels $f(x) = x^2$ deutlich. Laut Ableitungsregel ist $f'(x) = 2x$. Die Steigung im Punkt $x = -3$ ist demnach $f'(-3) = -6$, die Steigung im Punkt $x = 2$ lautet $f'(2) = 4$ und die Steigung im Punkt Null liegt bei $f'(0) = 0$.

Die unterschiedlichen Steigungen der Funktion werden besonders gut in der nachfolgenden Abbildung deutlich. Die Ableitung selbst lässt sich ebenfalls zeichnen. Es handelt sich dabei um eine lineare Funktion. Die vertikal gestrichelten Linien zeigen den Wert der Ableitung an den zuvor genannten Stellen der Funktion ($x = -3$, $x = 0$, $x = 2$).

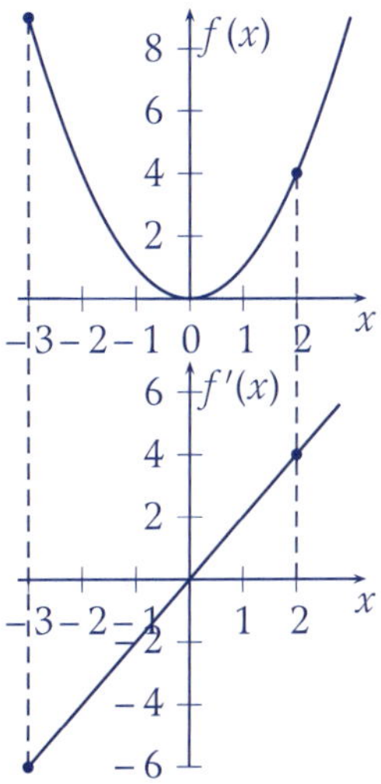

Abbildung 3.1: Quadratische Funktion mit Ableitungsfunktion

3.2.3 Kubische Funktionen

Bei kubischen Funktionen lautet die allgemeine Ableitungsregel:

Formel 14: Ableitungsregel für kubische Funktionen

Die Ableitung von $f(x) = ax^3 + bx^2 + cx + d$ mit $x,a,b,c,d \in \mathbb{R}$ und $a \neq 0$ lautet $f'(x) = 3ax^2 + 2bx + c$.

Spätestens aus der Ableitungsregel für kubische Funktionen wird ein allgemeines Muster für die Ableitung einer Potenzfunktion erkennbar. Offenbar wird der Exponent immer um eine Einheit verringert, während die Ableitungsfunktion mit dem ursprünglichen Exponenten multipliziert wird.

Formel 15: Ableitungsregel für Potenzfunktionen

Die Ableitung von $f(x) = ax^n$ mit $x,a,n \in \mathbb{R}$ lautet $f'(x) = nax^{n-1}$.

In der nachfolgenden Abbildung ist die kubische Funktion $f(x) = x^3$ und deren Ableitungsfunktion $f'(x) = 3 \cdot x^2$ dargestellt. Die Steigung der Funktion an der Stelle $x = 2$ lautet dann $f'(2) = 3 \cdot 2^2 = 12$. An der Stelle $x = 0$ steigt die Funktion gerade gar nicht an, folglich lautet $f'(0) = 0$.

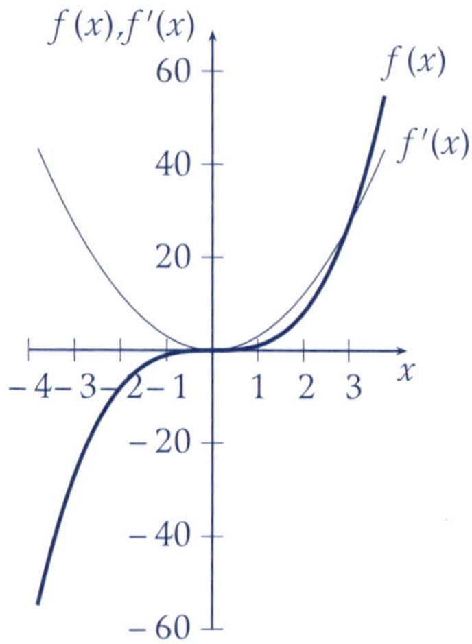

Abbildung 3.2: Kubische Funktion mit Ableitungsfunktion

3.2.4 Gebrochenrationale Funktionen

Gebrochenrationale Funktionen lassen sich über die bereits eingeführte Ableitungsregel für Potenzfunktionen ableiten. Auch hier wird dann der Exponent um eins verringert, während die Funktion mit dem ursprünglichen Exponenten multipliziert wird.

Die beispielhafte Betrachtung von $f(x) = \frac{3}{x} = 3 \cdot x^{-1}$ mit der Ableitung $f'(x) = -1 \cdot 3 \cdot x^{-1-1} = -3x^{-2} = -\frac{3}{x^2}$ verdeutlicht, dass die Ableitungsfunktion hier offenbar selbst eine gebrochenrationale Funktion ist.

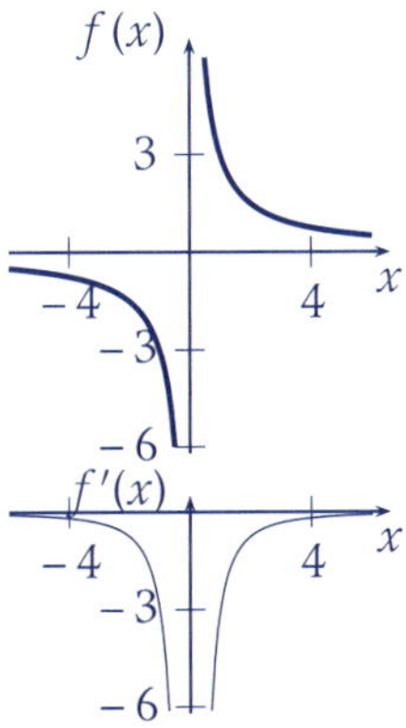

Abbildung 3.3: Gebrochenrationale Funktion mit Ableitungsfunktion

Es wird deutlich, dass die Steigung gegen minus und gegen plus Unendlich immer kleiner wird. Bei einer Annäherung an Null (unabhängig davon, von welcher Seite) wird die Steigung im Betrag immer größer.

Hinweis: Die Steigung im Punkt Null ist nicht definiert!

3.2.5 Wurzelfunktionen

Auch Wurzelfunktionen lassen sich über die Ableitungsregeln für Potenzfunktionen ableiten.

Beispiel:

$$f(x) = 2\sqrt{x} \quad = \quad 2 \cdot x^{\frac{1}{2}} \rightarrow f'(x) = \tfrac{1}{2} \cdot 2 \cdot x^{\frac{1}{2}-1} \quad = \quad x^{-\frac{1}{2}} \quad = \quad \frac{1}{\sqrt{x}}$$

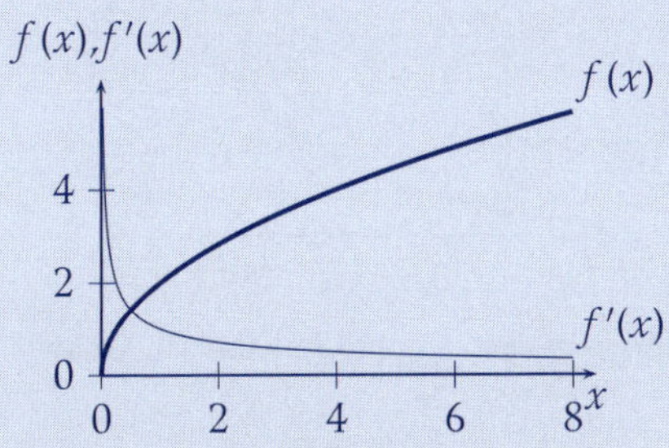

Abbildung 3.4: Wurzelfunktion mit Ableitungsfunktion

Auch Wurzelfunktionen höherer Ordnung lassen sich über die Ableitungsregel für Potenzfunktionen berechnen. Der Fall wird aber, zur besseren Anwendung, zusätzlich noch mal in einer speziellen Variante formuliert:

Formel 16: Ableitung von $\sqrt[n]{x}$

Die Ableitung von $f(x) = \sqrt[n]{x} = x^{\frac{1}{n}}$ mit $n \neq 0$ und $x \in \mathbb{R}^+$ für gerade n und $x \in \mathbb{R}$ für ungerade n lautet $f'(x) = \frac{1}{n}x^{\frac{1}{n}-1}$

Beispielsweise heißt bei $f(x) = \sqrt[5]{x} = x^{\frac{1}{5}}$ die Ableitung $f'(x) = \frac{1}{5}x^{-\frac{4}{5}}$.

3.2.6 Exponentialfunktionen

Für Exponentialfunktionen gibt es eine eigene Ableitungsregel:

Formel 17: Ableitung von $f(x) = a^x$

Die Ableitung von $f(x) = a^x$ für $a > 0$ und $x \in \mathbb{R}$ lautet $f'(x) = a^x \cdot ln(a)$.

Ein einfaches Beispiel lautet:

$$f(x) = 3^x \rightarrow f'(x) = 3^x \cdot ln(3).$$

Ableitung $f'(x)$ und Funktion $f(x)$ sehen sich ziemlich ähnlich. Dies ist auch in der Abbildung ersichtlich. Die Ableitung verläuft nur ein wenig steiler, da sie mit $ln(3) > 1$ gestreckt ist.

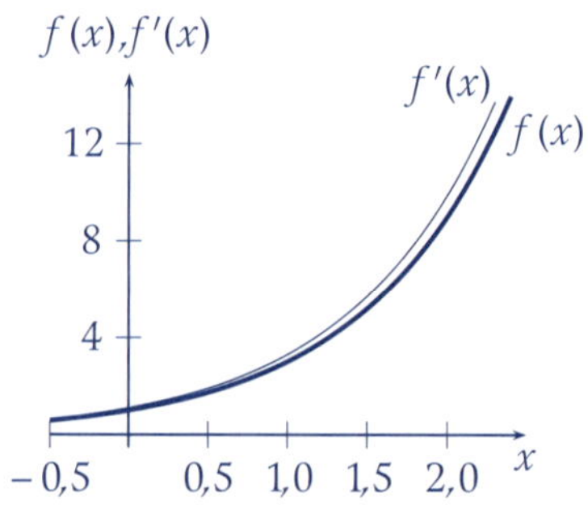

Abbildung 3.5: Exponentialfunktion mit Ableitungsfunktion

Aus der Ableitungsregel für Exponentialfunktionen lässt sich auch unmittelbar die Ableitung einer e-Funktion berechnen.

Da der $ln(e) = 1$ ist, entspricht die Ableitung einer e-Funktion (sofern keine weiteren Faktoren im Exponenten auftauchen) der ursprünglichen Funktion:

$$f(x) = e^x \rightarrow f'(x) = e^x \cdot \underbrace{ln(e)}_{=1} = e^x$$

3.2.7 Logarithmusfunktionen

Die Ableitung einer Logarithmusfunktion kann über folgende Regel gebildet werden:

Formel 18: Ableitung von $f(x) = ln(x)$

Die Ableitung von $f(x) = ln(x)$ mit $x \in \mathbb{R}^+$ lautet $f'(x) = \frac{1}{x}$.

Ein einfaches Beispiel lautet

$$f(x) = 2 \cdot ln(x) \text{ mit der Ableitung } f'(x) = \frac{2}{x}$$

Wichtig ist, darauf zu achten, dass die Funktion nur für positive x-Werte definiert ist. Obwohl die Ableitung $f'(x)$ mathematisch auch für $x < 0$ zulässig wäre, macht es bei der Betrachtung der Steigung einer Funktion nur Sinn, sich die Ableitung im zuvor definierten Bereich für x anzuschauen.

Merke:
Eine Ableitung ist immer höchstens definiert, wo die Ausgangsfunktion selbst definiert ist!

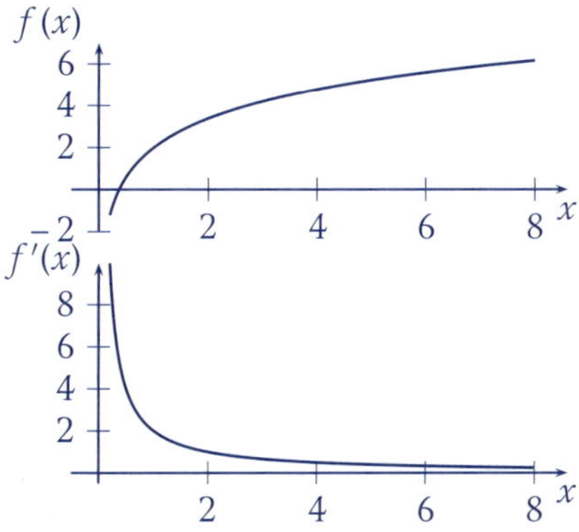

Abbildung 3.6: Logarithmusfunktion mit Ableitungsfunktion

3.2.8 Verkettete Funktionen

In den Abschnitten zuvor wurden Ableitungsregeln für Standardfunktionen beschrieben. Es gibt bei manchen Funktionen eine Möglichkeit, das Ableiten stark zu beschleunigen. Dies soll am Beispiel einer kubischen Funktion gezeigt werden. Um die Ableitung einer (nach links oder rechts) verschobenen kubischen Funktion zu berechnen, beispielsweise von $f(x) = (x - 1)^3$, kann natürlich die zuvor vorgestellte Ableitungsregel für kubische Funktionen angewendet werden. Hierzu muss zunächst ausmultipliziert werden:

$$\begin{aligned} f(x) &= (x-1)^3 = (x-1)(x-1)(x-1) \\ &= x^3 - x^2 - x^2 + x - x^2 + x + x - 1 \\ &= x^3 - 3x^2 + 3x - 1 \end{aligned}$$

In dieser Form lässt sich dann die Ableitungsregel für kubische Funktionen anwenden. Es folgt $f'(x) = 3x^2 - 6x + 3$.

Dieses Vorgehen dauert aber erstens lange und ist zweitens, gerade für Funktionen höherer Ordnung, bei der händischen Berechnung fehleranfällig. Äußerst nützlich ist daher die so genannte Kettenregel, die ein schnelles Ableiten solcher Funktionen ermöglicht. Sie lautet:

Formel 19: Kettenregel zur Ableitung von verketteten Funktionen

$$[f[g(x)]]' = f'[g(x)] \cdot g'(x)$$

Es wird also zunächst die äußere Ableitung der Funktion $f(x)$ gebildet und diese dann mit der Ableitung der inneren Funktion $g(x)$ multipliziert.

Das Beispiel $f(x) = (x - 1)^3$ kann demnach über die Kettenregel wie folgt abgeleitet werden: $f'(x) = 3(x - 1)^2 \cdot 1$. Zur Kontrolle, ob dieses Ergebnis mit der zuvor über die Ableitungsregel für kubische Funktionen berechneten Ableitung übereinstimmt, wird erneut ausmultipliziert: $f'(x) = 3(x - 1)^2 \cdot 1 = 3 \cdot (x^2 - 2x + 1) = 3x^2 - 6x + 3$.

Weitere Beispiele

1. Eine Funktion fünften Grades: $f(x) = 2(x+1)^5 - 6$

   $f'(x) = 2 \cdot 5(x+1)^4 \cdot 1 = 10(x+1)^4$

2. Eine Funktion dritten Grades mit innerer quadratischer Funktion:

   $f(x) = \frac{1}{2}(x^2 + \frac{1}{2})^3$

   $f'(x) = \frac{3}{2}(x^2 + \frac{1}{2})^2 \cdot 2x$

3. Eine Funktion zweiten Grades mit innerer kubischer Funktion:
$a(x) = (x^3 + x^2 + x + 1)^2$
$a'(x) = 2(x^3 + x^2 + x + 1) \cdot (3x^2 + 2x + 1)h$

Die Kettenregel kann im Grunde auch bei vielen anderen Funktionstypen vorkommen. Beispielsweise bei Wurzelfunktionen. Die Betrachtung von $f(x) = \sqrt{2x^3 + 1}$ zeigt einen weiteren Anwendungsfall der Kettenregel. Diese Wurzelfunktion beinhaltet, unter der Wurzel, eine kubische Funktion. Nach der Kettenregel wird zunächst die äußere Ableitung gebildet und dann mit der inneren Ableitung multipliziert:

$$f'(x) = \tfrac{1}{2}(2x^3 + 1)^{-\frac{1}{2}} \cdot 6x^2$$

Ein Anwendungsbeispiel der Kettenregel bei Exponentialfunktionen lautet

$$f(x) = e^{2x+1} \rightarrow f'(x) = e^{2x+1} \cdot \underbrace{ln(e)}_{=1} \cdot 2 = e^{2x+1} \cdot 2$$

Hier ist die innere Ableitung $= 2$.

Bei Logarithmusfunktionen kann ebenfalls die Kettenregel verwendet werden, z. B. bei

$$g(x) = 2 \cdot ln(x^2) \rightarrow g'(x) = 2 \cdot \tfrac{1}{x^2} \cdot 2x$$

oder einem weiteren Beispiel:

$$h(x) = ln(x^2 + 2x + 2) \rightarrow h'(x) = \frac{1}{x^2 + 2x + 2} \cdot (2x + 2)$$

Und noch ein Beispiel für eine Kombination aus Logarithmus- und Wurzelfunktion:

$$l(x) = ln(\sqrt{x}) \rightarrow l'(x) = \tfrac{1}{\sqrt{x}} \cdot \tfrac{1}{2} x^{-\frac{1}{2}}$$
$$= \tfrac{1}{\sqrt{x}} \cdot \tfrac{1}{2 \cdot \sqrt{x}} = \tfrac{1}{2x}$$

Es kann auch vorkommen (es wird dadurch aufwändiger, aber das Prinzip ist immer gleich), dass die Kettenregel mehrfach hintereinander angewendet werden muss.

Beispielsweise bei $f(x) = 4^{\sqrt{x^2+3}}$. Die äußere Ableitung lautet $4^{(\ldots)} \cdot ln(4)$. Nun muss die innere Ableitung, also von $\sqrt{x^2 + 3}$, gebildet werden.

Hierzu braucht man eine weitere äußere und innere Ableitung, die miteinander multipliziert werden: $\frac{1}{2}(x^2+3)^{-\frac{1}{2}} \cdot 2x$.

Jetzt muss noch alles zusammengesetzt werden, dann ergibt sich für

$$f'(x) = 4^{\sqrt{x^2+3}} = ln(4) \cdot \tfrac{1}{2}(x^2+3)^{-\frac{1}{2}} \cdot 2x$$

3.2.9 Produkt- und Quotientenregel

In den vorherigen Abschnitten wurden Ableitungsregeln für Standardfunktionen sowie verkettete Funktionen vorgestellt. Nachfolgend wird gezeigt, wie sich Funktionen ableiten lassen, die sich aus einem Produkt oder einem Quotienten zweier Funktionen zusammensetzen. Dafür werden zunächst zwei weitere Ableitungsregeln definiert:

Formel 20: Die Produktregel zum Ableiten eines Produkts von zwei Funktionen

Die Ableitung von $f(x) \cdot g(x)$ lautet:

$$[f(x) \cdot g(x)]' = f'(x) \cdot g(x) + f(x) \cdot g'(x)$$

$$[u \cdot v]' \quad = \quad u' \qquad v \quad + \quad u \qquad v'$$

Formel 21: Die Quotientenregel zum Ableiten eines Quotienten von zwei Funktionen

Die Ableitung von $\frac{f(x)}{g(x)}$ lautet:

$$\left[\frac{f(x)}{g(x)}\right]' = \frac{f'(x)g(x) - f(x)g'(x)}{g(x)^2} \text{ bzw. } \left[\frac{u}{v}\right]' = \frac{u'v - uv'}{v^2}$$

Eine Funktion, die aus einem Produkt zweier Funktionen besteht, lautet: $f(x) = e^x \cdot x^3$. Abgeleitet unter Anwendung der Produktregel ergibt sich

$$f'(x) = e^x \cdot x^3 + e^x \cdot 3x^2 u' \cdot v + u \cdot v'$$

Ein Beispiel für die Anwendung der Quotientenregel lautet:

$$f(x) = \frac{ln(x)}{ln(x)+2} \rightarrow f'(x) = \frac{\frac{1}{x} \cdot (ln(x)+2) - ln(x) \cdot \frac{1}{x}}{(ln(x)+2)^2}$$

Ein weiteres Beispiel für die Quotientenregel:

$$a(x) = \frac{\sqrt{x}}{e^x} \to a'(x) = \frac{\frac{1}{2}x^{-\frac{1}{2}} \cdot e^x - \sqrt{x} \cdot e^x}{(e^x)^2}$$

$$= \frac{e^x(\frac{1}{2\sqrt{x}} - \sqrt{x})}{e^{2x}}$$

Im Grunde ist die Quotientenregel übrigens nur eine Variante der Produktregel (oder andersrum), da sich jeder Quotient auch als Produkt schreiben lässt, z. B. gilt

$$f(x) = \frac{x^2}{e^x} = x^2 \cdot \frac{1}{e^x} = x^2 \cdot e^{-x}$$

3.3 Die Ableitung zur Bestimmung von Minimum, Maximum & Sattelpunkt

Oft haben Funktionen so genannte Extremstellen. Dabei handelt es sich um Punkte, in denen die Steigung Null ist. Es wird dabei unterschieden in Minima, Maxima und Sattelpunkte.

3.3.1 Minimum

In einem Minimum hat die Funktion an dieser Stelle die Steigung Null. Es wird hier auch von einer notwendigen Bedingung gesprochen. Gleichzeitig muss die Funktion vor dem Minimum eine negative Steigung und nach dem Minimum eine positive Steigung haben. Dies wird hinreichende Bedingung genannt.

Ein Beispiel lautet $f(x) = (x - 3)^2 + 2$

Notwendige Bedingung:

$$f'(x) = 0 \Leftrightarrow 2(x - 3) = 2x - 6 = 0$$
$$\Rightarrow x_1 = 3$$

Das Nullsetzen der Ableitung führt unmittelbar zum x-Wert der Extremstelle. Um den $f(x)$-Wert zu erhalten, wird nun noch in die Funktion eingesetzt: $f(3) = (3 - 3)^2 + 2 = 2$

Damit ist mathematisch bisher nur geklärt, dass es sich um eine Extremstelle handelt, unklar ist noch, um was für eine Extremstelle es sich handelt. Um die hinreichende Bedingung zu überprüfen, wird ein so genannter Vorzeichenwechsel (VZW) durchgeführt:

Beim VZW wird ein Punkt leicht links und einer leicht rechts der Extremstelle in die Ableitung eingesetzt und das Vorzeichen der Steigung beobachtet. Hier z. B. $f'(2{,}99) < 0$ und $f'(3{,}01) > 0$. Damit kann es sich nur um ein Minimum handeln, da die Steigung vor der Extremstelle negativ und nach der Extremstelle positiv ist.

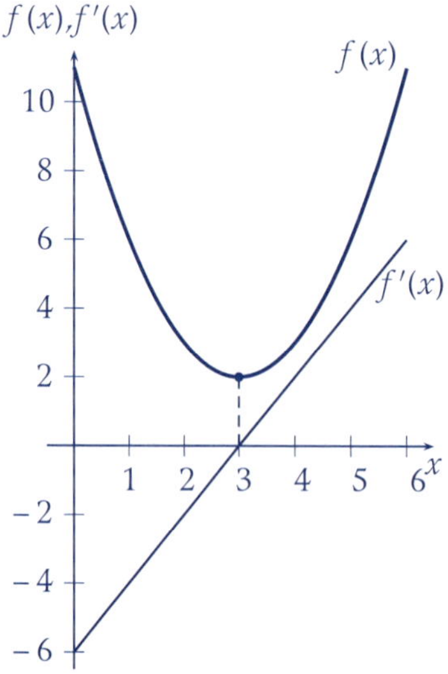

Abbildung 3.7: Quadratische Funktion mit Minimum

3.3.2 Maximum

Das Maximum einer Funktion ist ebenfalls ein Punkt, an dem die Steigung der Funktion Null ist. Ein Beispiel für eine Funktion mit einem Maximum lautet:

$$f(x) = -x^2 + 2$$

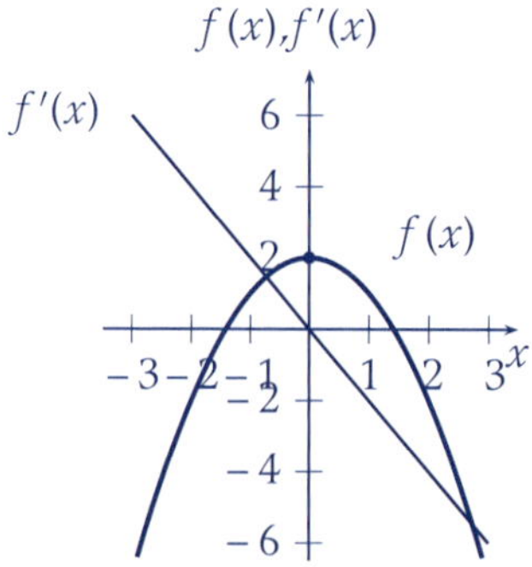

Abbildung 3.8: Quadratische Funktion mit Maximum

Um die Stelle zu ermitteln, an der die Funktion eine Extremstelle aufweist, wird die Ableitungsfunktion Null gesetzt:

$$f'(x) = -2x = 0 \Leftrightarrow -2x = 0 \Rightarrow x = 0$$

Es liegt also eine Extremstelle bei $x = 0$ vor. Um den $f(x)$-Wert zu erhalten, wird in die Funktion eingesetzt: $f(0) = -0^2 + 2 = 2 \Rightarrow$ Extremstelle bei $P(0|2)$.

Um zu überprüfen, um was für eine Extremstelle es sich handelt, wird die Steigung kurz vor und nach der Extremstelle beobachtet: $f'(-0{,}01) > 0$ und $f'(0{,}01) < 0$, damit handelt es sich eindeutig um ein Maximum, da die Steigung vor der Extremstelle positiv und nach der Extremstelle negativ ist.

3.3.3 Sattelpunkt

Auch bei einem Sattelpunkt ist die Steigung der Funktion gleich Null. Charakterisierend für einen Sattelpunkt ist, dass die Steigung kurz vor dem Sattelpunkt genau das gleiche Vorzeichen hat wie danach.

Ein Beispiel für eine Funktion mit einem Sattelpunkt lautet:

$$f(x) = (x-2)^5 + \tfrac{1}{2}$$

Um die Stelle zu ermitteln, an der die Funktion einen möglichen Sattelpunkt aufweist, wird die Ableitungsfunktion gleich Null gesetzt:

$$f'(x) = 0 \Leftrightarrow 5(x-2)^4 = 0 \Rightarrow x = 2$$

Einsetzen in die ursprüngliche Funktion liefert die $f(x)$-Koordinate:

$$f(2) = (2-2)^5 + \tfrac{1}{2} = \tfrac{1}{2} \Rightarrow E(2\,|\,\tfrac{1}{2})$$

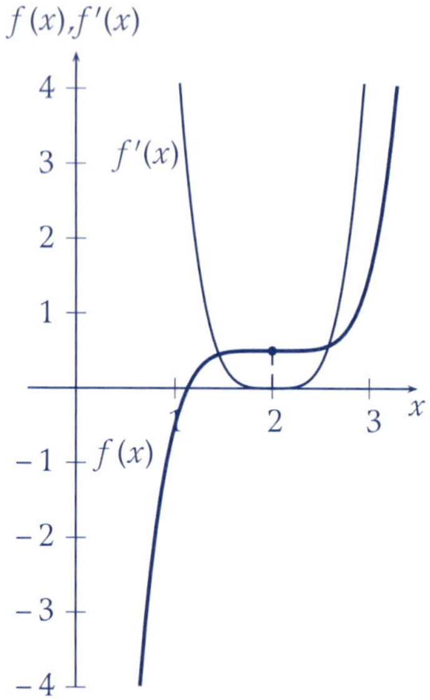

Abbildung 3.9: Funktion mit Sattelpunkt

Um zu überprüfen, ob es sich bei der Extremstelle um einen Sattelpunkt handelt, wird das Vorzeichen der Ableitung kurz vor und nach der Extremstelle geprüft:

$f'(1{,}99) > 0, f'(2) = 0, f'(2{,}01) > 0$, es liegt also tatsächlich ein Sattelpunkt vor, da die Steigung vor und nach der Extremstelle das gleiche (hier positive) Vorzeichen aufweist.

3.3.4 Wendepunkt

Ein Wendepunkt (auch: Wendestelle) beschreibt einen Punkt auf einem Funktionsgraphen, an dem sich das Krümmungsverhalten der Funktion ändert.

Der Graph wechselt im Wendepunkt entweder von einer Rechts- in eine Linkskurve oder andersherum. So ändert die Funktion $f(x) = 2x^2 + x^3$ irgendwo zwischen dem Maximum und dem Minimum die Krümmung von rechts nach links. Mathematisch lassen sich solche Punkte über die zweite Ableitung nach dem Kriterium $f''(x) = 0$ ermitteln.

Die erste Ableitung der Funktion $f(x) = 2x^2 + x^3$ lautet $f'(x) = 4x + 3x^2$, die zweite Ableitung als Ableitung der Ableitung ist demnach $f''(x) = 4 + 6x$. Offenbar befindet sich der Wendepunkt bei $x = \frac{-4}{6} = -\frac{2}{3}$, da hier die zweite Ableitung Null wird. Die $f(x)$-Koordinate lautet: $f\left(-\frac{2}{3}\right) \approx 0{,}59.$

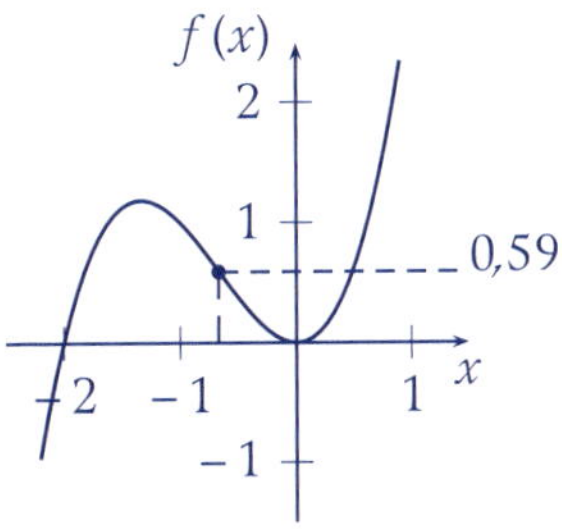

Abbildung 3.10: Funktion mit Wendepunkt

3.3.5 Anwendung in der Praxis

3.3.5.1 Gewinnmaximum

Extremstellen werden in der betriebswirtschaftlichen Praxis häufig gesucht. Prominente Beispiele sind Kostenminima und Gewinnmaxima. Die Funktion

$$G(x) = E(x) - K(x)$$
$$\Leftrightarrow G(x) = (80x - 2x^2) - (3x^2 + x) = 79x - 5x^2$$

wurde bereits eingeführt. Doch wo ist die gewählte Produktionsmenge gewinnmaximal? Dazu wird die Gewinnfunktion abgeleitet und gleich Null gesetzt. Anschließend wird das Maximum durch Feststellen des Vorzeichenwechsels bestätigt.

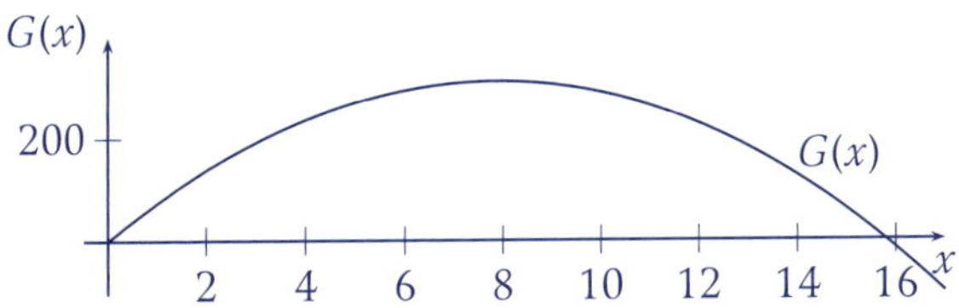

Abbildung 3.11: Gewinnfunktion mit Maximum

Die Extremstellen der Gewinnfunktion lassen sich wie folgt ermitteln:

$$G'(x) = 0 \Leftrightarrow 79 - 10x = 0$$
$$\Rightarrow x = \tfrac{79}{10} = 7{,}9$$

Zudem liegt ein Vorzeichenwechsel von + nach – vor, da $f'(7{,}89) > 0$ und $f'(7{,}91) < 0$. Es handelt sich also um ein Maximum. In diesem Beispiel erwirtschaftet das Unternehmen also ein Gewinnmaximum, wenn es 7,9 Einheiten produziert und anbietet.

3.3.5.2 Produktlebenszyklus

Das Beispiel eines Produktlebenszyklus spielt in der Betriebswirtschaftslehre ebenfalls häufig eine Rolle; besonders im Marketing zur Bestimmung der verschiedenen Lebensphasen eines bestimmten Produktes.

Hierbei wird der Umsatz eines Produktes im Zeitablauf t betrachtet. Betriebswirtschaftliche Erfahrungen haben gezeigt, dass es häufig zu einem bestimmten Muster kommt, das der Produktumsatz in Abhängigkeit zur Lebenszeit des Produktes durchläuft. Unterschieden wird häufig in 5 Phasen: I. Einführungsphase, II. Wachstumsphase, III. Reifephase, IV. Sättigungsphase und V. Degenerationsphase.[7]

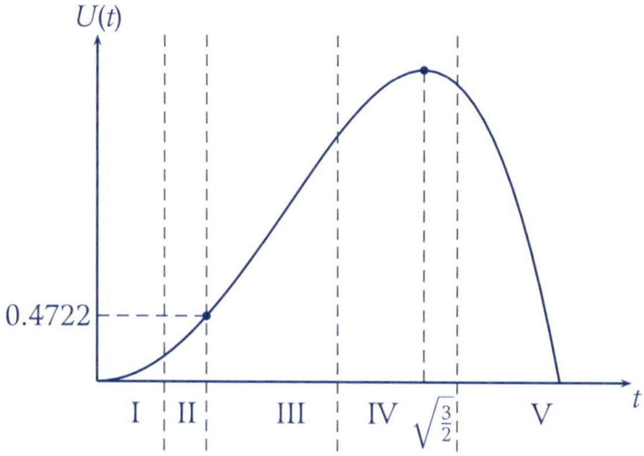

Abbildung 3.12: Phasen des Produktlebenszyklus

In der Abbildung ist ein beispielhafter Produktlebenszyklus dargestellt, der der Funktion $U(t) = -t^4 + 3t^2$ folgt. Betrachtet wird die Funktion nur für $t \geq 0$ und einen nicht negativen Umsatz. Der Lebenszyklus hat nach einem ansteigenden Verlauf offenbar irgendwo in der Sättigungsphase ein Umsatzmaximum. Dies lässt sich über Nullsetzen der ersten Ableitung bestimmen:

$$U'(t) = -4t^3 + 6t$$

$$U'(t) = 0 \Leftrightarrow t(-4t^2 + 6) = 0 \Leftrightarrow t = 0 \wedge -4t^2 + 6 = 0$$

$$\Rightarrow t^2 = \tfrac{6}{4} = \tfrac{3}{2} \Rightarrow t_1 = \sqrt{\tfrac{3}{2}} \wedge t_2 = -\sqrt{\tfrac{3}{2}}$$

t_2 wird nicht weiter beachtet, da sich der Wert im nicht-definierten Bereich befindet.

[7] Vgl. Meffert (2000), S. 339ff..

Zudem ändert sich beim ansteigenden Verlauf die Krümmung der Funktion, wenn sich das Produkt dem Umsatzmaximum nähert. Dieser Punkt entspricht der Grenze von Wachstums- zu Reifephase und kann mittels Nullsetzen der zweiten Ableitung berechnet werden:

$$U''(t) = -12t^2 + 6$$

$$U''(t) = 0 \Leftrightarrow t^2 = \tfrac{6}{12} = \tfrac{1}{6} \Rightarrow t_1 = \sqrt{\tfrac{1}{6}} \wedge t_2 = -\sqrt{\tfrac{1}{6}}$$

t_2 wird auch hier nicht weiter beachtet, da sich der Wert im nichtdefinierten Bereich befindet.

Folglich liegt der Wendepunkt bei $U(\sqrt{\tfrac{1}{6}}) = 0{,}4722...$

Anders gesagt, liegt der Wendepunkt im Produktlebenszyklus in diesem Beispiel im Maximum des Grenzumsatzes (also dem Maximum der ersten Ableitungsfunktion).

3.4 Lagrange

Häufig bestehen Funktionen in der Praxis aus mehreren Unbekannten, z. B. in einer Kostenfunktion $K(x_1,x_2,x_3,\ldots,x_n)$. Hinzu kommen oft Nebenbedingungen wie z. B. ein begrenztes Budget oder dass eine ganz bestimmte Menge produziert werden soll. Solche Probleme lassen sich mit der Lagrange-Methode lösen.

Mathematisch gesprochen wird also eine Funktion $f(x_1,x_2,x_3,\ldots,x_n)$ unter der Nebenbedingung $g(x_1,x_2,x_3,\ldots,x_n)$ = d auf Extremstellen untersucht.

Hierzu geht man wie folgt vor:

①: Aufstellen der Lagrange-Funktion

$$L(x_1, x_2, x_3, ..., x_n, \lambda) = f(x_1, x_2, x_3, ..., x_n) + \lambda[g(x_1, x_2, x_3, ..., x_n) - d]$$

②: Finde eine Lösung für das Gleichungssystem

$$\frac{\delta L}{\delta x_1} = \frac{\delta L}{\delta x_2} = \frac{\delta L}{\delta x_3} = ... = \frac{\delta L}{\delta x_n} = 0 \text{ und } \frac{\delta L}{\delta \lambda} = 0$$

Beispiel ①: Suchen Sie das Minimum von:

$$f(x_1, x_2) = x_1^2 + 2x_2^2 \text{ unter der Nebenbedingung } x_1 + x_2 = 3$$

① Lagrange-Funktion:

$$L(x_1, x_2, \lambda) = x_1^2 + 2x_2^2 + \lambda(x_1 + x_2 - 3)$$

Die Lagrange-Funktion wird immer nach dem gleichen Muster aufgestellt. Zunächst wird die Funktion gesetzt, es folgt Lambda mal die Nebenbedingung.

② Das Gleichungssystem lösen:

$$\frac{\delta L}{\delta x_1} = 0 \iff 2x_1 + 0 + \lambda + 0 + 0 = 3$$

$$\iff 2x_1 + \lambda = 0 \qquad \rightarrow I$$

$$\frac{\delta L}{\delta x_2} = 0 \iff 4x_2 + \lambda = 0 \qquad \rightarrow II$$

$$\frac{\delta L}{\delta \lambda} = 0 \iff x_1 + x_2 - 3 = 0 \qquad \rightarrow III$$

Anschließend wird die Lagrange-Funktion nach allen Unbekannten abgeleitet. Diese Ableitungen werden gleich Null gesetzt.

Aus *I* folgt:

$$2x_1 + \lambda = 0 \iff x_1 = \frac{-\lambda}{2}$$

Einsetzen in *III*:

$$\frac{-\lambda}{2} + (\frac{-\lambda}{4}) - 3 = 0$$

$$\iff -\tfrac{3}{4} \cdot \lambda - 3 = 0$$

$$\iff \lambda = -\tfrac{12}{3} = -4$$

$$x_1 = -\frac{-4}{2} = 2 \qquad x_2 = -\frac{-4}{4} = 1$$

Die gemeinsame Nullstelle der Ableitung bestimmt dann die Extremstelle. Genau genommen kann so aber nicht bestimmt werden, um was für eine Extremstelle es sich handelt. Dies kann mittels einer so genannten Hessematrix bestimmt werden, darauf wird an dieser Stelle aber verzichtet.[8]

Das gesuchte Minimum liegt bei $x_1 = 2$ und $x_2 = 1$ und $f(2;1) = 2^2 + 2 \cdot 1^2 = 6$.

Beispiel ②: Wie groß ist der maximal mögliche Gewinn für die Gewinnfunktion:

$$G(x_1, x_2) = -0{,}5x_1^2 - 1{,}5x_2^2 + 300x_1 + 150x_2 - 5000$$

unter der Nebenbedingung $x_1 + x_2 = 250$?

[8] Vgl. Terveer (2013), S. 205.

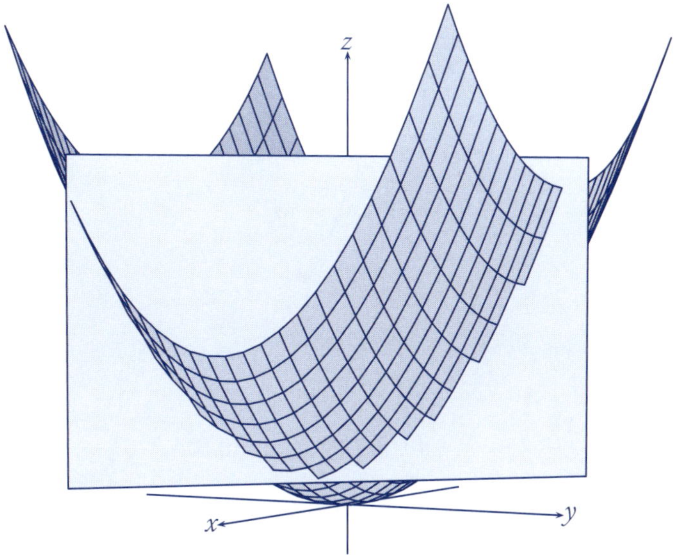

Abbildung 3.13: Dreidimensionale Lagrangefunktion mit Ebene als Nebenbedingung

① Lagrange-Funktion:

$$L(x_1, x_2, \lambda) = -0,5x_1^2 - 1,5x_2^2 + 300x_1 + 150x_2 - 5000 + \lambda(x_1 + x_2 - 250)$$

② Das Gleichungssystem lösen:

$$\frac{\delta L}{\delta x_1} = 0 \Leftrightarrow \quad -x_1 + 300 + \lambda = 0 \Rightarrow x_1 = 300 + \lambda \quad \rightarrow I$$

$$\frac{\delta L}{\delta x_2} = 0 \Leftrightarrow -3x_2 + 150 + \lambda = 0 \Rightarrow x_2 = 50 + \frac{\lambda}{3} \quad \rightarrow II$$

$$\frac{\delta L}{\delta \lambda} = 0 \Leftrightarrow \quad x_1 + x_2 - 250 = 0 \quad \rightarrow III$$

I und *II* einsetzen in *III*:

$$300 + \lambda + 50 + \frac{\lambda}{3} - 250 = 0$$

$$\Leftrightarrow \qquad 350 + \lambda + \frac{\lambda}{3} = 250$$

$$\Leftrightarrow \qquad \frac{4}{3}\lambda = -100$$

$$\Leftrightarrow \qquad \lambda = -100 \cdot \tfrac{3}{4} = \frac{-300}{4} = -75$$

$$\lambda \text{ in } I: \quad 300 - 75 = x_1 = 225$$

$$\lambda \text{ in } II: \quad 50 + \frac{1}{3} \cdot (-75) = x_2 = 25$$

$$G(225;25) = \ldots = 40.000 \ \text{(Maximum)}$$

Der maximal mögliche Gewinn liegt also bei 40.000 €.

Integrationsrechnung 4

Lernziele

In diesem Kapitel lernen Sie:

- Flächen, die von den bekannten Funktionstypen und der x-Achse eingeschlossen werden, zu berechnen,
- die für eine solche Berechnung notwendige Aufleitung einer Funktion zu ihrer Stammfunktion und das bestimmte und unbestimmte Integral einer Funktion zu berechnen,
- die Integration durch Substitution und die partielle Integration und
- die Integralrechnung im Rahmen statistischer Fragestellungen

kennen.

4.1 Einführung

Die Integrationsrechnung (häufig auch Integralrechnung genannt) dient hauptsächlich dazu, Flächeninhalte zu berechnen. Das Integral ist dabei Oberbegriff für bestimmte und unbestimmte Integrale.

Bei bestimmten Integralen sind die Grenzen, in denen integriert wird, bekannt, bei der unbestimmten Integration sind diese Grenzen offen. Im Ergebnis lässt sich mit dem bestimmten Integral einer bekannten Funktion eine Zahl berechnen. Diese Zahl beschreibt im zweidimensionalen Koordinatensystem einen Flächeninhalt, und zwar der Fläche, die von der Funktion und der x-Achse eingeschlossen wird.

Die Funktion $F(x)$ heißt Stammfunktion oder unbestimmtes Integral von $f(x)$, wenn $F'(x) = f(x)$. Wenn also die Ableitung der Stammfunktion die Funktion selbst ist.

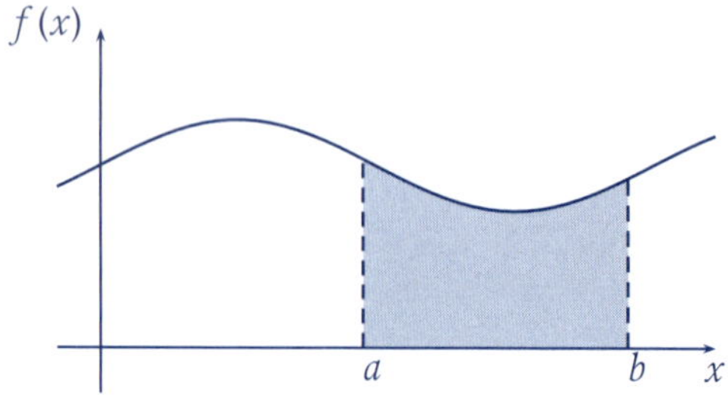

Abbildung 4.1: Beispielhafte Fläche zwischen Funktion und x-Achse

Definition 17: Hauptsatz der Integralrechnung

$\int_a^b f(x)dx = F(b) - F(a)$ heißt bestimmtes Integral von $f(x)$, in den Intervallgrenzen von a bis b.

In der Abbildung ist eine Fläche gekennzeichnet, die über das Integral $\int_a^b f(x)dx$ beschrieben wird. Die Integrationsvariable dx zeigt an, über welche Variable integriert werden soll (hier x, wenn es eine Funktion $f(y)$ gäbe, könnte diese über y integriert werden, dann stünde dort dy).

Für $a < b$ ist das Integral von Funktionen, die oberhalb der x-Achse verlaufen, immer positiv, von solchen, die unterhalb der x-Achse verlaufen, immer negativ. Da Flächen per Definition positiv sind, ist bei Flächen unterhalb der x-Achse beim Integral der mathematische Betrag zu nehmen. Verläuft die Funktion sowohl oberhalb als auch unterhalb der x-Achse, muss abschnittsweise integriert werden, da sich andernfalls positive und negative Integrale teilweise oder ganz aufheben würden. Dies wird auch in nachfolgender Abbildung deutlich. Zur Flächenberechnung muss diese Funktion in drei Abschnitten integriert werden. Der zweite Abschnitt muss dabei als Betrag berechnet werden, da das Integral hier negativ ist. Hinweis: Zur Flächenberechnung werden die Nullstellen einer Funktion benötigt, hier sind diese mit a und b gegeben.

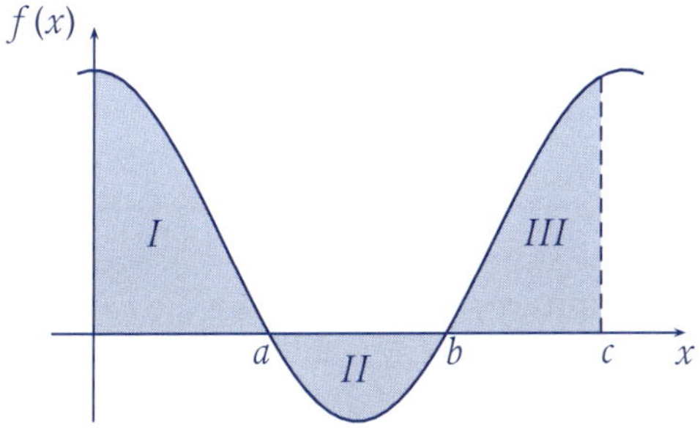

Abbildung 4.2: Funktion mit drei Flächen-Abschnitten

Flächenberechnung: $\underbrace{\int_0^a f(x)\,\mathrm{d}x}_{I} + \underbrace{\left|\int_a^b f(x)\,\mathrm{d}x\right|}_{II} + \underbrace{\int_b^c f(x)\,\mathrm{d}x}_{III}$

Zu einer Funktion gibt es immer unendlich viele Stammfunktionen, da bei der Stammfunktion immer eine Integrationskonstante c eingefügt werden kann, die dann beim Ableiten wegfällt. Damit erfüllt jede dieser Stammfunktionen das notwendige Kriterium, dass ihre Ableitung der Funktion selbst entspricht:

$$\int f(x)\,\mathrm{d}x = F(x) + c$$

Anders als bei der Differentiation existiert bei der Integration oft keine einfache und alle Fälle abdeckende Regel. Im Folgenden wird gezeigt, wie sich bestimmte Funktionstypen integrieren lassen. Dabei entstehen sukzessive so genannte Aufleitungsregeln, die bei der Integration verwendet werden können. Im Anschluss werden dann zwei Verfahren vorgestellt, mit denen auch komplizierte Funktionen integriert werden können: Integration durch Substitution und partielle Integration.

4.2 Flächenberechnung bei verschiedenen Funktionstypen

4.2.1 Lineare Funktionen

Beim Funktionstyp einer linearen Funktion, zur Erinnerung, mit der Steigung m und dem Achsenabschnitt b, also $f(x) = mx + b$, lautet die zugehörige Stammfunktion (oft auch Aufleitung genannt): $F(x) = \frac{1}{2}mx^2 + bx + c$.

Hinweis: Zur Kontrolle, ob die Stammfunktion korrekt gebildet wurde, empfiehlt es sich, diese abzuleiten.

Formel 22: Stammfunktion einer linearen Funktion

$f(x) = mx + b$, mit $x, m, b, c, \in \mathbb{R}$
$F(x) = \frac{1}{2}mx^2 + bx + c$

Nachfolgend wird nun vorgestellt, wie sich die Fläche unter einer linearen Funktion mittels Integralrechnung berechnen lässt. Aufgabe: Berechnen Sie die Fläche A, die $f(x) = 2x + 3$ in den Grenzen $2 \le x \le 6$ mit der x-Achse einschließt.

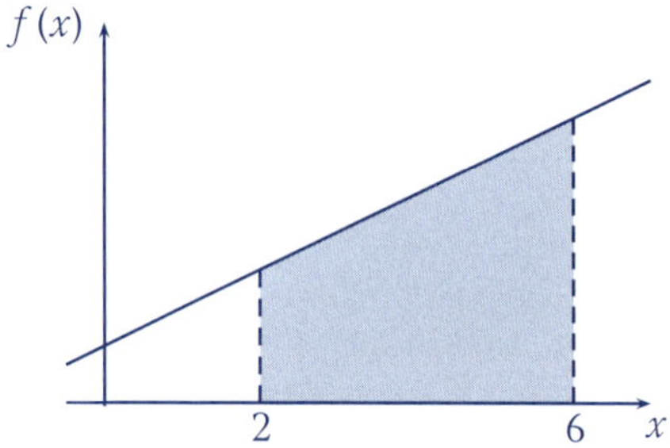

Abbildung 4.3: Fläche unter einer linearen Funktion

Die gesuchte Fläche kann mit Hilfe der Stammfunktion berechnet werden.

Ansatz:

$$\begin{aligned} A &= \int_2^6 (2x+3)\,dx = [x^2 + 3x + c]_2^6 \\ &= [6^2 + 3\cdot 6 + c] - [2^2 + 3\cdot 2 + c] \\ &= 54 + c - 10 - c = \underline{\underline{44}} \end{aligned}$$

Hinweis: Die Integrationskonstante c fällt bei bestimmten Integralen grundsätzlich weg.

4.2.2 Quadratische Funktionen

Formel 23: Stammfunktion einer quadratischen Funktion

$f(x) = ax^2 + bx + d$, mit $x, a, b, c, d \in \mathbb{R}$
$F(x) = \frac{1}{3}ax^3 + \frac{1}{2}bx^2 + dx + c$

Demnach lautet beispielsweise die Stammfunktion zu $f(x) = -x^2 + 4x + 2$ dann $F(x) = -\frac{1}{3}x^3 + 2x^2 + 2x + c$. c kann dabei irgendeine Zahl sein, es gibt also – wie gesagt – unendlich viele Stammfunktionen zu $f(x)$.

Mit der Formel zur Stammfunktion kann nun, mit dem bekannten Vorgehen, auch die Fläche berechnet werden, die von der Funktion $f(x) = (x - 2)^2 - 1$ und der x-Achse in den Grenzen $1 \le x \le 4$ eingeschlossen wird.

Vorüberlegung: Zunächst muss geprüft werden, ob die Funktion Nullstellen hat. Dies ist wichtig, da die Funktion in diesem Fall abschnittsweise integriert werden muss.

Nullstellen: $f(x) = 0$

$$\begin{aligned} &\Leftrightarrow (x-2)^2 - 1 = 0 \\ &\Leftrightarrow (x-2)^2 \quad = 1 \\ &\Leftrightarrow x_0 - 2 = \sqrt{1} \quad \wedge \; x_1 - 2 = -\sqrt{1} \\ &\quad x_0 = 1 + 2 = \underline{3} \;\wedge\; x_1 = -1 + 2 = \underline{1} \end{aligned}$$

Es gibt also zwei Nullstellen. Beide liegen im relevanten Bereich, über den integriert werden soll. Um die Funktion zu skizzieren, wird schnell noch das Minimum bestimmt.

Extremstellen: $f'(x) = 0$

$$\begin{aligned} &\Leftrightarrow 2(x-2)\cdot 1 = 0 \\ &\Leftrightarrow 2x - 4 \quad = 0 \\ &\Leftrightarrow x \quad\quad = \underline{2} \end{aligned}$$

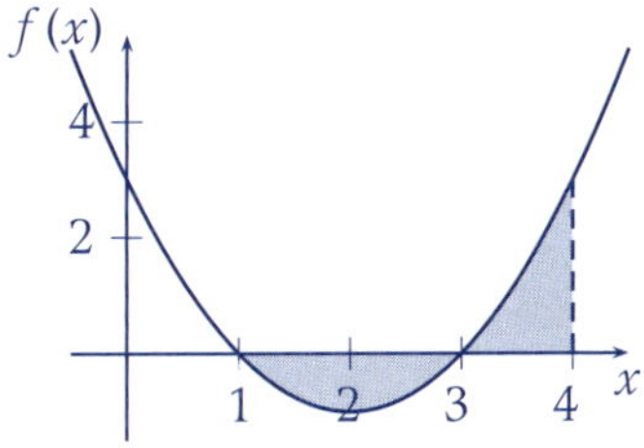

Abbildung 4.4: Funktion mit Nullstelle im relevanten Bereich

Es muss also in zwei Abschnitten integriert werden. Zu beachten ist, dass im ersten Abschnitt die Funktion unterhalb der x-Achse verläuft, es muss also in diesem Abschnitt der Betrag des Integrals gebildet werden.

$$A = \left| \int_1^3 f(x)\,dx \right| + \int_3^4 f(x)\,dx$$

A wird in zwei Abschnitte zerlegt:

I: $$\left| \int_1^3 (x-2)^2 - 1\,dx \right| = \left| \int_1^3 x^2 - 4x + 4 - 1\,dx \right| = \left| \int_1^3 (x^2 - 4x + 3)\,dx \right|$$
$$= \left| [\tfrac{1}{3}x^3 - \tfrac{4}{2}x^2 + 3x]_1^3 \right| = \left| (\tfrac{1}{3}3^3 - \tfrac{4}{2}3^2 + 3 \cdot 3) - (\tfrac{1}{3}1^3 - \tfrac{4}{2}1^2 + 3 \cdot 1) \right|$$
$$= \left| 0 - \tfrac{4}{3} \right| = \tfrac{4}{3}$$

II: $$\int_3^4 f(x-2)^2 - 1\,dx = (\tfrac{1}{3} \cdot 4^3 - \tfrac{4}{2} \cdot 4^2 + 3 \cdot 4) - (0) = \tfrac{4}{3}$$

$$\text{I + II:} = \tfrac{4}{3} + \tfrac{4}{3} = \frac{8}{3} = A$$

In diesem Beispiel wird auch noch mal gut deutlich, was passieren würde, wenn man nicht abschnittsweise integrieren würde. Demnach wäre die Fläche offenbar Null, da sich die Integrale der beiden Flächenstücke aufheben würden. Wer das nicht glaubt, probiert es ruhig mal (ohne Abschnitte) aus: $\int_1^4 (x-2)^2 - 1\,dx = ?$

4.2.3 Kubische Funktionen und Polynome höheren Grades

4.2.3.1 Kubische Funktion

Formel 24: Stammfunktion einer Kubischen Funktion

$f(x) = ax^3 + bx^2 + dx + e$, mit $x, a, b, d, c, e \in \mathbb{R}$
$F(x) = \frac{1}{4}ax^4 + \frac{1}{3}bx^3 + \frac{1}{2}dx^2 + ex + c$

Mit Hilfe der Formel lassen sich nun auch kubische Funktionen integrieren. Wie kann also beispielsweise die Fläche zu $f(x) = (x^3 - 2x)$ in den Grenzen von $x = 0$ bis $x = \sqrt{2}$ berechnet werden?

Benötigt wird auch hier wieder eine Vorüberlegung, um zu entscheiden, ob abschnittsweise integriert werden muss.

Existieren Nullstellen? $f(x) = 0$

$$\Leftrightarrow x^3 - 2x \quad = 0$$
$$\Leftrightarrow x(x^2 - 2) = 0$$
$$x_0 = 0 \quad \wedge \quad x^2 - 2 = 0 \quad | +2$$
$$\Leftrightarrow x^2 = 2 \quad | \sqrt{}$$
$$x_1 = \sqrt{2} \quad \wedge \quad x_2 = -\sqrt{2}$$

Es existieren also Nullstellen, diese liegen aber nicht im relevanten Bereich. Gesucht ist ja die Fläche, die von der Funktion und der x-Achse in den Grenzen von 0 bis $\sqrt{2}$ eingeschlossen wird.

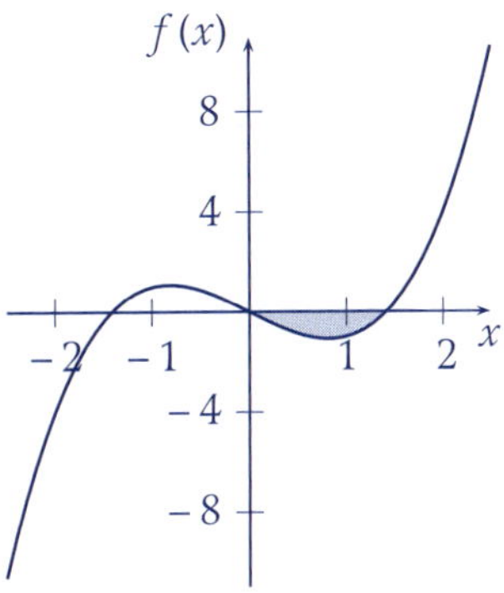

Abbildung 4.5: Fläche zwischen einer kubischen Funktion und x-Achse

Es kann also folgendes Integral berechnet werden:

$$A = \int_0^{\sqrt{2}} (x^3 - 2x)\,dx$$
$$= [\tfrac{1}{4}x^4 - \tfrac{2}{2}x^2 + c]_0^{\sqrt{2}}$$
$$= (\tfrac{1}{4}\sqrt{2}^4 - \sqrt{2}^2 \cancel{+c})$$
$$-(0 - 0 \cancel{+c})$$
$$= 1 - 2 = -1$$

$\Rightarrow$ Jetzt muss von diesem Integral noch der Betrag gebildet werden, um die Fläche zu erhalten:

$$|-1| = \underline{1}$$

4.2.3.2 Polynome höheren Grades

Formel 25: Stammfunktion eines Polynoms

$f(x) = a_n x^n + a_{n-1} x^{n-1} + ... + a_1 x^1 + a_0$ mit $a_n, a_{n-1}, ..., a_1, a_0, c, x \in R$ und $n \in \mathbb{N}$ mit $n > 0$ ist ein Polynom vom Grad n.

Die Stammfunktion zu $f(x)$ lautet

$F(x) = \frac{1}{n+1} a_n x^{n+1} + \frac{1}{n} a_{n-1} x^n + ... + \frac{1}{1+1} a_1 x^{1+1} + a_0 x + c$

Mit Hilfe dieser Formel lassen sich Polynome vom Grad n integrieren. Das Prinzip ist dabei im Grunde schon von den linearen, quadratischen und kubischen Funktionen bekannt: Der Exponent wird um Eins erhöht und der Faktor, der vor dem Polynom steht, durch den um Eins erhöhten Exponenten geteilt.

Beispielsweise lautet die Stammfunktion zu $f(x) = 20x^9$ dann $F(x) = \frac{20}{9+1} x^{9+1} + c = 2x^{10} + c$.

4.2.4 Gebrochenrationale Funktionen

Für $f(x) = \frac{h(x)}{g(x)}$ gibt es keine allgemein gültige Integrationsregel. Daher wird zunächst der Fall $h(x) = a$, mit $a \in \mathbb{R}$ (konstant) für einfache Funktionstypen, also $f(x) = \frac{a}{g(x)}$ mit $g(x) \notin \mathbb{R}$, $a \in \mathbb{R} \setminus \{0\}$ behandelt.

Für diesen Fall wird in drei Typen unterschieden, nachfolgend sind die entsprechenden Formeln für die Stammfunktionen hinterlegt.

Formel 26: Stammfunktion von $f(x) = \frac{a}{x}$

Zur Funktion $f(x) = \frac{a}{x}$ mit $x \neq 0$ lautet die Stammfunktion $F(x) = a \cdot ln(x) + c$.

Formel 27: Stammfunktion von $f(x) = \frac{a}{x^2}$

Zur Funktion $f(x) = \frac{a}{x^2} = a \cdot x^{-2}$ mit $x^2 \neq 0$ lautet die Stammfunktion

$F(x) = \frac{a}{-2+1} x^{-2+1} = \frac{a}{-1} x^{-1} = -ax^{-1} = -\frac{a}{x}$

Formel 28: Stammfunktion von $f(x) = \frac{a}{x^n}$

Zur Funktion $f(x) = \frac{a}{x^n}$ mit $x^n \neq 0$ lautet die Stammfunktion $F(x) = \frac{a}{-n+1} \cdot x^{-n+1}$.

Berechnen Sie für: $f(x) = \frac{1}{x^4}$ die Stammfunktion

$$F(x) = \frac{1}{-4+1} \cdot x^{-4+1} = \frac{1}{-3} x^{-3}$$
$$= -\frac{1}{3x^3}$$

Probe: $F'(x) = f(x)$

$$F'(x) = (-3) \cdot \frac{1}{-3} x^{-3-1} = x^{-4}$$
$$= \underline{\frac{1}{x^4}}$$

Berechnen Sie: $\int_1^3 \frac{2}{x} \mathrm{d}x$ mit $x \neq 0$

$$= [2 \cdot ln\,|\,x\,|]_1^3 = 2 \cdot ln\,|\,3\,| - 2 \cdot ln\,|\,1\,|$$
$$= 2 \cdot ln\,|\,3\,| \approx \underline{2,2}$$

$$\int_3^{12} \frac{3}{x^2} \mathrm{d}x = [\tfrac{3}{-2+1} x^{-2+1}]_3^{12} = [\tfrac{3}{-1} x^{-1}]_3^{12}$$
$$= -3 \cdot 12^{-1} - (-3 \cdot 3^{-1})$$
$$= -\tfrac{1}{4} + 1 = \underline{\frac{3}{4}}$$

Berechnen und skizzieren Sie: $\int_{-3}^{-1} \frac{1}{x^3} \mathrm{d}x$

$$\int_{-3}^{-1} \frac{1}{x^3} \mathrm{d}x = [-\tfrac{1}{2} x^{-2}]_{-3}^{-1}$$
$$= -\frac{1}{2} (-1)^{-2} - (-\frac{1}{2} (-3)^{-2})$$
$$= -\tfrac{1}{2} + \tfrac{1}{18}$$
$$= \underline{-\tfrac{4}{9}}$$

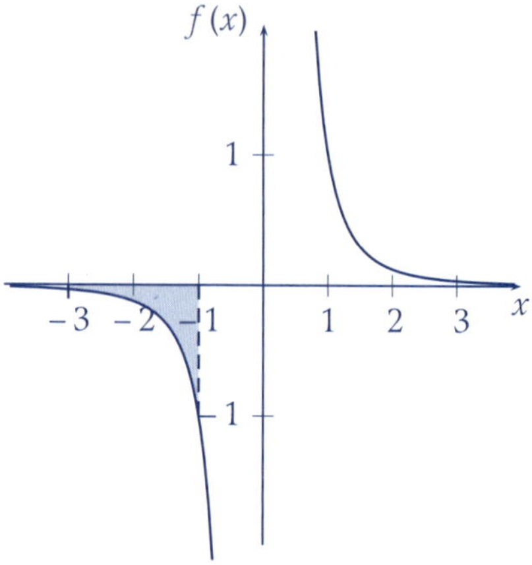

Abbildung 4.6: Negatives Integral einer gebrochenrationalen Funktion

4.2.5 Wurzelfunktionen

Für Quadratwurzelfunktionen gilt folgende Integrationsregel:

Formel 29: Stammfunktion einer Quadratwurzelfunktion

Zur Funktion $f(x) = a \cdot \sqrt{x} = ax^{\frac{1}{2}}$ mit $x \geq 0$ lautet die Stammfunktion $F(x) = \frac{a}{\frac{3}{2}} x^{\frac{3}{2}} + c = \frac{2a}{3} x^{\frac{3}{2}} + c$.

Das Prinzip ist auch hier im Grunde schon von anderen Funktionstypen bekannt, der Exponent wird um Eins erhöht, während der Teil, der vor dem x steht (hier a), durch den um Eins erhöhten Exponenten geteilt wird.

Beispiel: $\int_0^9 \frac{1}{2}\sqrt{x}\,\mathrm{d}x$

$$= [\tfrac{\frac{1}{2}}{\frac{3}{2}} \cdot x^{\frac{3}{2}}]_0^9 = [\tfrac{1}{2} \cdot \tfrac{2}{3} x^{\frac{3}{2}}]_0^9$$

$$= [\tfrac{1}{3} \cdot 9^{\frac{3}{2}}] - 0 = \underline{9}$$

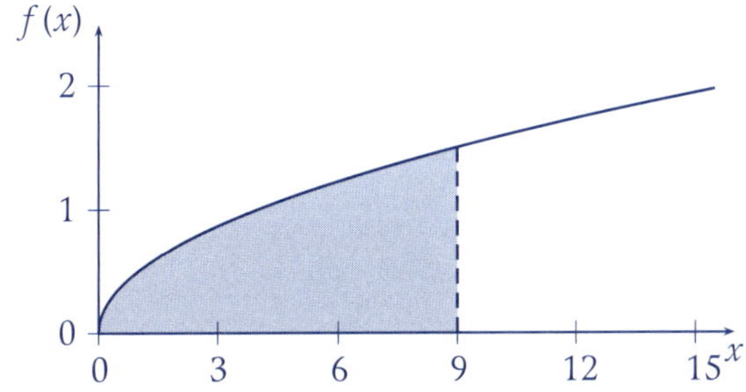

Abbildung 4.7: Fläche unter einer Wurzelfunktion

4.2.6 Exponentialfunktionen

Exponentialfunktionen lassen sich wie folgt integrieren:

Formel 30: Stammfunktion einer Exponentialfunktion

Zur Funktion $f(x) = a^x$ mit $a > 0$ und $x > 0$ lautet die Stammfunktion $F(x) = \frac{a^x}{ln(a)} + c$.

Auch die e-Funktion $f(x) = e^x$ kann über diese Formel integriert werden. Eingesetzt folgt dann: $F(x) = \frac{e^x}{ln(e)} + c$. Da $ln(e) = 1$ ist, kann bei e-Funktionen auch folgende Formel zur Bestimmung der Stammfunktion verwendet werden:

Formel 31: Stammfunktion einer Exponentialfunktion mit der Basis e

Zur Funktion $f(x) = a \cdot e^x$ lautet die Stammfunktion $F(x) = a \cdot e^x + c$.

Beispiel: $\int_1^5 (\frac{1}{4})^x - \frac{1}{4}dx = [\frac{(\frac{1}{4})^x}{ln(\frac{1}{4})} - \frac{1}{4}x]_1^5$

$$= \underbrace{(\frac{(\frac{1}{4})^5}{ln(\frac{1}{4})} - \frac{1}{4} \cdot 5)}_{\approx -1,25} - \underbrace{(\frac{(\frac{1}{4})^1}{ln(\frac{1}{4})} - \frac{1}{4} \cdot 1)}_{\approx -0,43}$$

$$\approx \underline{-0,82}$$

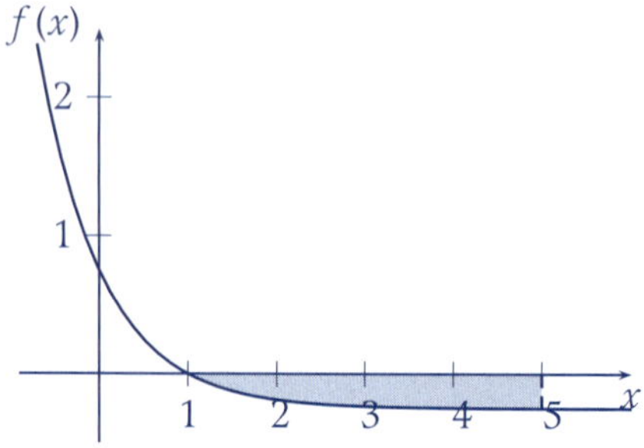

Abbildung 4.8: Negatives Integral einer Exponentialfunktion

4.2.7 Logarithmusfunktionen

Logarithmusfunktionen lassen sich wie folgt integrieren:

Formel 32: Stammfunktion einer Logarithmusfunktion

Zur Funktion $f(x) = a \cdot ln(x)$ mit $x > 0$ lautet die Stammfunktion $F(x) = a \cdot (x\, ln(x) - x) + c$.

Beispiel:

$$\int_e^3 ln(x)\,dx = [x \cdot ln(x) - x]_e^3$$
$$= (3 \cdot ln(3) - 3) - (e \cdot ln(e) - e) \approx \underline{0,3}$$

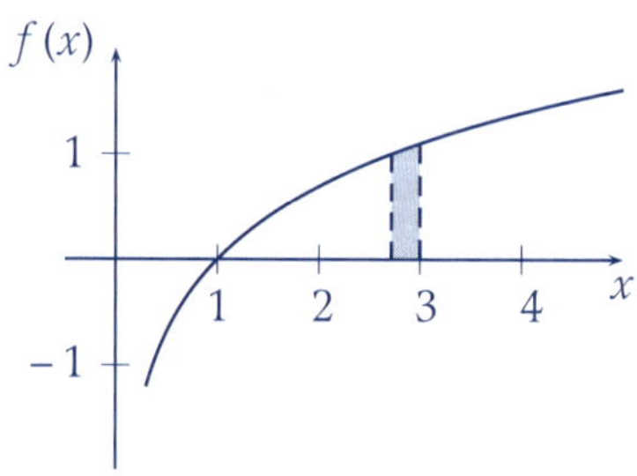

Abbildung 4.9: Fläche unter einer Logarithmusfunktion

4.3 Integration durch Substitution

Die Integration durch Substitution wird verwendet, wenn keine der zuvor erläuterten Integrationsregeln angewendet werden können. Beispielsweise bei der Funktion $\int \frac{1}{3x-7}\,dx$.

Für solche (und andere komplizierte) Integrale gibt es ein 4-Schritte Lösungsschema:

①: Substitution eines Integralteils
②: Substituierten Teil z ableiten und nach dx umstellen
③: Das dx aus Schritt ② in das Integral einsetzen und integrieren
④: Rücksubstitution

4-Schritte-Schema zur Lösung von Integralen mittels Substitution

Beim Versuch $f(x) = \frac{1}{3x-7}$ zu integrieren hilft keine der zuvor eingeführten Integrationsregeln (auch nicht die für gebrochenrationale Funktionen). Es wird daher das 4-Schritte Schema angewendet:

Schritt ①:

Für $\frac{1}{x}$ ist eine Integrationsregel bekannt, hier wird aber durch $3x-7$ geteilt. Dies ist also der Teil, der problematisch ist, daher wird dieser Teil durch z substituiert.

$$z = 3x - 7 \quad \Rightarrow \quad \int \frac{1}{z}\,dx$$

Das Integral sieht jetzt schon viel einfacher aus. Es lässt sich so aber noch nicht integrieren, da die Funktion $f(z) = \frac{1}{z}$ nicht nach dx integriert werden kann (sondern nur nach dz).

Schritt ②:

Die Ableitung des substituierten Teils nach z in Differenzialschreibweise lautet $\frac{dz}{dx}$ und $3x-7$ abgeleitet nach x ist 3. Diese Gleichung kann jetzt nach dx umgestellt werden:

$$z' = \frac{dz}{dx} = 3 \quad \Rightarrow \quad dx = \frac{dz}{3}$$

Schritt ③:

Jetzt kann in $\int \frac{1}{z} dx$ das in Schritt ② ermittelte dx eingesetzt werden:

$$\int \frac{1}{z} \frac{dz}{3} = \frac{1}{3} \int \frac{1}{z} dz$$

Dieses Integral kann nun gelöst werden, da die Stammfunktion zu $\frac{1}{z}$ bekannt ist:

$$\frac{1}{3} \int \frac{1}{z} dz = \frac{1}{3} ln\,|\,z\,| + c$$

Schritt ④:

Als letztes folgt die Rücksubstitution, bei der in die integrierte Funktion das in Schritt ① substituierte z wieder eingesetzt wird:

$$\underline{\frac{1}{3} ln\,|\,3x-7\,| + c}$$

Um das Vorgehen weiter zu verinnerlichen, ein weiteres (sehr ähnliches) Beispiel für $f(x) = \frac{1}{2x+1}$:

Ansatz: $\int \frac{1}{2x+1} dx = \int \frac{1}{z} dx$

①: $z = 2x + 1$

②: $(z' =) \frac{dz}{dx} = 2 \quad | dx$

$\Leftrightarrow \quad dz = 2dx \quad |: 2$

$\Leftrightarrow \quad \frac{dz}{2} = dx$

③: $\int \frac{1}{z} dx = \int \frac{1}{z} \frac{dz}{2} = \int \frac{1}{2z} dz = \frac{1}{2} ln\,|\,z\,| + c$

④: $\int \frac{1}{3x-7} dx = \underline{\frac{1}{2} ln\,|\,2x+1\,| + c}$

In den vorherigen Beispielen war immer recht eindeutig, welcher der problematische Funktionsteil ist, und welcher Teil somit substituiert werden sollte. Dies ist bei einigen Funktionen nicht immer sofort erkennbar. Daher anbei ein Versuch zur Entscheidung: Was soll substituiert werden?

$$\int f(x)\,dx = \int \underbrace{s(x)}_{\substack{substituierter \\ Teil}} \cdot \underbrace{n(x)}_{\substack{nicht \\ substituierter \\ Teil}} dx$$

Der substituierte Teil $s(x)$ wird durch die Variable z ersetzt.

Anschließend wird das 4-Schritte Schema durchlaufen:

①: Substitution eines Integralteils

$$\int z \cdot n(x)\ \mathrm{d}x$$

②: Substituierten Teil z ableiten und nach dx umstellen

$$z' = \frac{\mathrm{d}z}{\mathrm{d}x}$$

$$\Leftrightarrow \mathrm{d}x = \frac{\mathrm{d}z}{z'}$$

③: Das dx aus Schritt ② in das Integral einsetzen und integrieren

$$\ldots = \int z \cdot n(x)\,\mathrm{d}x \qquad \ldots = \int z \cdot n(x)\frac{\mathrm{d}z}{z'}$$

Ziel der Substitution ist es, $n(x)$ durch Kürzen aus der Funktion zu entfernen. Deshalb muss z so gewählt werden, dass im weiteren Verlauf die Ableitung von z (z') geeignet ist, $n(x)$ zu kürzen:

$$n(x) = a \cdot s'(x), \text{ mit } a \in \mathbb{R}$$

$$n(x) = a \cdot z'$$

Ist dies erfolgt, kann mit dem letzten Schritt fortgefahren werden:

④: Rücksubstitution

$$= \int z \cdot n(x)\frac{\mathrm{d}z}{z'} \qquad = \int (s(x)) \cdot n(x)\frac{\mathrm{d}z}{z'}$$

Beispiele zur Substitution

Aufgabe I:

$$\int \sqrt{3x+2}\,dx = \int \sqrt{z}\,dx$$

① $z = 3x + 2$

② $\frac{dz}{dx} = 3 \Leftrightarrow dx = \frac{dz}{3}$

③ $\int \sqrt{z}\frac{dz}{3} = \int \sqrt{z} \cdot \frac{1}{3} dz$

$= \frac{1}{3}\int \sqrt{z}\,dz = \frac{1}{3} \cdot \int z^{\frac{1}{2}}\,dz$

$= \frac{1}{3}\left(\frac{2}{3} z^{\frac{3}{2}}\right) + \frac{c}{3}$

④ $= \frac{1}{3}\left(\frac{2}{3}(3x+2)^{\frac{3}{2}}\right) + \frac{c}{3}$

$= \frac{1}{3} \cdot \frac{2}{3}(3x+2)^{\frac{3}{2}} + \frac{c}{3}$

Aufgabe II:

$$\int \frac{6x+4}{3x^2+4x+7}\,dx$$

Was soll substituiert werden?

Variante 1:

① $z = 6x + 4$

② $\frac{dx}{dx} = 6 \Leftrightarrow dx = \frac{dz}{6}$

③ $\int \frac{z}{3\underline{x^2} + \underline{4x} + 7} \cdot \frac{dz}{6}$

Dieser Weg führt nicht zu der gesuchten Lösung, da x und z im Integral vorkommen – Es darf jedoch nur eine Variable auftreten.

Variante 2:

① $z = 3x^2 + 4x + 7$

② $\frac{dz}{dx} = 6x + 4 \Leftrightarrow dx = \frac{dz}{6+4}$

③ $\int \frac{\cancel{6x+4}}{z} \cdot \frac{dz}{\cancel{6x+4}}$

$= \int \frac{1}{z}\,dz$

$= ln(z) + c$

④ $= ln(3x^2 + 4x + 7) + c$

Merke: Bei Funktionen, bei denen der Zähler der Funktion der Ableitung des Nenners entspricht („Ableitung über Funktion“: $\int \frac{f'(x)}{f(x)} dx$), wird stets der Nenner substituiert.

Aufgabe III:

$$\int \frac{x}{\sqrt{3 + x^2}} dx$$

Was soll substituiert werden?

Variante 1:

① $z = \sqrt{3 + x^2}$

② $\frac{dz}{dx} = \frac{1}{2}(3 + x^2)^{-\frac{1}{2}} \cdot 2x$

$\Leftrightarrow dx = \frac{dx}{\frac{1}{2} \cdot (3 + x^2)^{-\frac{1}{2} \cdot 2x}}$

③ $\int \frac{x}{z} \cdot \frac{dz}{\frac{1}{2} \cdot (3 + x^2)^{-\frac{1}{2}} \cdot 2x}$

Da in diesem Ausdruck z und x gemeinsam auftreten und x nicht durch Kürzen zu entfernen ist, ist diese Variante nicht verwendbar.

Variante 2:

① $z = 3 + x^2$

② $\frac{dz}{dx} = 2x \Leftrightarrow dx = \frac{dz}{2x}$

③ $\int \frac{x}{\sqrt{z}} \cdot \frac{dz}{dx} = \int \frac{1}{\sqrt{z}} \cdot \frac{1}{2} \cdot dz$

$= \frac{1}{2} \cdot \int \frac{1}{\sqrt{z}} \cdot dz = \frac{1}{2} \cdot \int z^{-\frac{1}{2}}$

$= \frac{1}{2} \cdot [\frac{1}{-\frac{1}{2} + 1} z^{-\frac{1}{2}+1} + c]$

$= \frac{1}{2} \cdot [\frac{1}{\frac{1}{2}} \cdot z^{\frac{1}{2}} + c]$

$= \frac{1}{2} \cdot [2\sqrt{z} + c]$

$= \frac{1}{2} \cdot 2\sqrt{z} + \frac{2}{2} \cdot c$

$= \sqrt{z} + \frac{1}{2} \cdot c$

④ $= \sqrt{3 + x^2} + \frac{1}{2} \cdot c$

Abbildung 4.10: Video zur Integration durch Substitution

4.4 Partielle Integration

Die Partielle Integration, oder auch Produktintegration, wird bei Integranden angewendet, die aus einem Produkt (zweier Funktionen) bestehen. Die Formel hierfür lautet:

Formel 33: Partielle Integration

$$\int u'v = uv - \int uv'$$

Das unbestimmte Integral $\int 2x \cdot e^x \, dx$ lässt sich beispielsweise über die partielle Integration lösen, da es ein Produkt zweier Funktionen beinhaltet.

Bevor die Formel angewendet werden kann, muss entschieden werden, für welchen Teil des Produkts u' und v eingesetzt wird. Es bietet sich an u' so zu wählen, dass dieser Teil möglichst leicht aufgeleitet werden kann. In diesem Fall ist $u' = e^x$, da e^x aufgeleitet e^x bleibt. $2x$ wird v genannt. Jetzt kann die Formel angewendet werden. Zuerst wird die Aufleitung von u' mit v multipliziert und davon das Produkt des Integrals von u und v' abgezogen.

$$\int \underbrace{2x}_{v} \cdot \underbrace{e^x}_{u'} \, dx = \underbrace{e^x}_{u} \cdot \underbrace{2x}_{v} - \int \underbrace{e^x}_{u} \cdot \underbrace{2x}_{v'} \, dx$$

Das Integral wurde zum Großteil schon gelöst. Es wurde bisher aber erst ein Teil integriert (deshalb auch partielle Integration). Der verbleibende Teil ist jetzt aber kein Produkt zweier Funktionen mehr und kann daher mit den bereits bekannten Integrationsregeln gelöst werden:

$$\int 2x \cdot e^x \, dx = e^x \cdot 2x - \int e^x \cdot 2 \, dx = e^x \cdot 2x - 2e^x + c = 2e^x(x-1) + c$$

Für die partielle Integration lässt sich ein 3-Schritte-Schema aufstellen.

①: Festlegung von *u'* und *v*: Wähle für *u'* den Teil, der sich leicht aufleiten lässt.

②: Einsetzen in die Formel: $\int u'v = uv - \int uv'$

③: Wenn $\int uv'$ immer noch ein Produkt zweier Funktionen ist, dann muss dieser Teil erneut mit Produktintegration gelöst werden (mehrfache partielle Integration). Der zuvor integrierte Teil bleibt bestehen.

Beispiel 1

$$\int ln\,|\,x\,|dx = \int 1 \cdot ln\,|\,x\,|dx$$

$$= x \cdot ln\,|\,x\,| - \int x \cdot \frac{1}{x}dx = x \cdot ln\,|\,x\,| - \int 1dx = x \cdot ln\,|\,x\,| - x + c$$

Beispiel 2

$$\int (-6x^2 + 4) \cdot e^x\,dx$$

$$= e^x(-6x^2 + 4) - \int e^x(-12x)dx$$

Wenn nach dem ersten Schritt der partiellen Integration weiterhin ein Produkt zweier Funktionen unter dem Integral steht, muss die Prozedur wiederholt werden:

$$= e^x(-6x^2 + 4) - (e^x \cdot (-12x) - \int e^x \cdot (-12)dx)$$

$$= e^x(-6x^2 + 4) - (e^x(-12x) - (-12 \cdot e^x + c))$$

$$= e^x(-6x^2 + 4) - e^x(-12x) - 12e^x + c$$

$$= e^x(-6x^2 + 4) + 12x \cdot e^x - 12e^x + c$$

$$= e^x(-6x^2 + 4 + 12x - 12) + c$$

$$= e^x(-6x^2 + 12x - 8) + c$$

Beispiel 3

$$\int(-12x^2+8x+2)e^x\,dx$$
$$=e^x(-12x^2+8x+2)-\int e^x(-24x+8)dx$$
$$=e^x(-12x^2+8x+2)-(e^x(-24x+8)-\int e^x(-24)dx)$$
$$=e^x(-12x^2+8x+2)-(e^x(-24x+8)-(-24e^x))$$
$$=e^x(-12x^2+8x+2)-(-24x\cdot e^x+8e^x+24e^x)$$
$$=e^x(-12x^2+8x+2)-e^x(-24x+8)-24e^x$$
$$=e^x(-12x^2+8x+2+24x-8-24)$$
$$=e^x(-24x^2+32x-30)$$

Abbildung 4.11: Video zur Partiellen Integration

4.5 Anwendung der Integrationsrechnung in der Statistik

Die Integrationsrechnung wird in der statistischen Anwendung oft zur Berechnung von Flächen unter Wahrscheinlichkeitsdichtefunktionen verwendet. Ohne zu sehr in die Tiefe zu gehen: Wahrscheinlichkeitsdichtefunktionen lassen sich z. B. aus einer Reihe von Beobachtungen über die relative Häufigkeit dieser Ereignisse ableiten.

Dieses Prinzip wird in einem Fußball-Beispiel deutlich. In einem 90 minütigen Fußballspiel kommt es immer wieder zu Fouls im Strafraum. Daraus resultiert, wenn das Foul vom Schiedsrichter geahndet wird, ein Elfmeter. Interessanterweise ist dabei die Verteilung von gegebenen Elfmetern keineswegs gleichverteilt über die Spieldauer. Vielmehr häufen sich die gepfiffenen Elfmeter im Laufe des Spiels. In der nachfolgenden Abbildung stellen die Punkte die relative Häufigkeit von Elfmetern in Minute 0 bis 90 dar. Mittels Regressionsanalyse kann eine Funktion ermittelt werden, die diese Punkte möglichst gut erklärt. Hinweis: Wer kein professionelles Statistikprogramm zur Hand hat, kann eine solche Funktion auch über die Trendfunktion in Excel bestimmen.

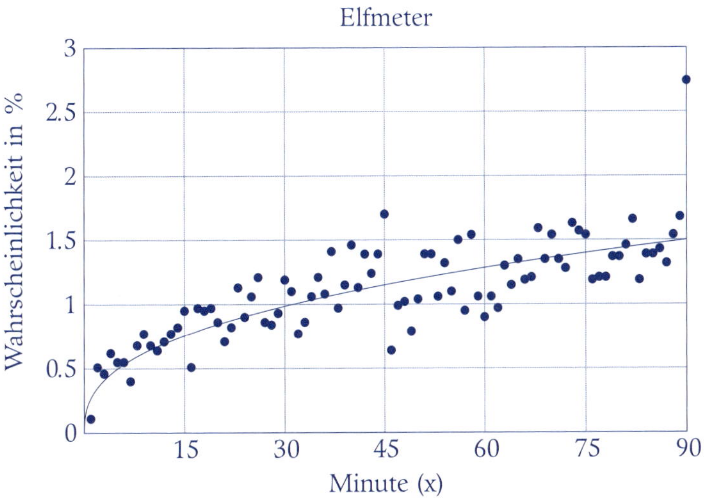

Abbildung 4.12: Relative Häufigkeit und geschätzte Wahrscheinlichkeitsdichtefunktion von gegebenen Elfmetern in der Bundesliga
Datenquelle: Elfmeter in deutschen Bundesligapartien ab 1985.
Zur Verfügung gestellt von Opta 2017 (http://www.optasports.de)

Die Funktion, die hier geschätzt wurde, lautet $f(x) = 0{,}2687x^{0{,}3821}$, es handelt sich dabei also um eine Potenzfunktion. Diese Funktion ist in diesem Beispiel in den Grenzen $0 \leq x \leq 90$ eine so genannte approximierte (also annähernde) Wahrscheinlichkeitsdichtefunktion. Mit dieser Funktion lässt sich folgende statistische Frage beantworten: Wenn in einem Spiel ein Elfmeter gegeben wurde, wie groß ist die Wahrscheinlichkeit, dass dies in einem bestimmten Spielabschnitt passiert, beispielsweise in den ersten 15 Minuten?

Hierzu muss die Fläche unter der Dichtefunktion berechnet werden, und zwar von Minute 0 bis 15. Dies kann mittels Integralrechnung erfolgen. Dazu muss die Funktion zunächst integriert werden.

$$F(x) = \frac{0{,}2687}{1{,}3821} \cdot x^{0{,}3821+1} \sim 0{,}1944x^{1{,}3821}$$

Die Wahrscheinlichkeit für einen Elfmeter in den ersten 15 Minuten entspricht folglich (annähernd) der Fläche, die die Dichtefunktion mit der x-Achse in diesem Bereich einschließt:

$$\int_0^{15}\left(0{,}2687x^{0{,}3821}\right)dx \approx 0{,}1944 \cdot 15^{1{,}3821} - 0 = 8{,}21\,\%$$

In nachfolgender Tabelle sind über diese Berechnungsmethode die Ergebnisse der Wahrscheinlichkeiten nach 15 minütigen Spielabschnitten berechnet worden:

Zeitraum	0–15	15–30	30–45	45–60	60–75	75–90
Wahrscheinlichkeit in %	8,21	13,18	16,07	18,29	20,14	21,75

Das Ergebnis ist durchaus bemerkenswert: Während die Wahrscheinlichkeit zu Beginn des Spiels deutlich unter 10 % liegt, ist die Wahrscheinlichkeit, dass es in den letzten 15 Minuten zu einem Elfmeter kommt, bei rund 22 %. Eine Wahrscheinlichkeitsdichtefunktion sollte hier übrigens in Summe die Fläche 1 einschließen, da die Wahrscheinlichkeit, dass (wenn ein Elfmeter gegeben wurde) dieser irgendwann in den ersten 90 Minuten gegeben wurde (Nachspielzeiten wurden hier ausgeklammert), genau 100 % sein sollte:

$$\int_0^{90}(0{,}2687x^{0{,}3821})dx \approx 0{,}1944 \cdot 90^{1{,}3821} - 0 = 97{,}65\,\%$$

Die Tatsache, dass es in diesem Beispiel nicht genau 100 % sind, ist der Schätzung geschuldet. Letztlich ist die Funktion nur eine Annäherung an die beobachteten Ereignisse.

Lineare Gleichungssysteme & Lineare Programmierung

5

Lernziele

In diesem Kapitel lernen Sie:

- lineare Gleichungssysteme in Gleichungs- und Matrizenform aufzustellen sowie diese zu lösen,
- aus praxisrelevanten Sachverhalten wie Materialflüssen Gleichungssysteme abzuleiten,
- Gleichungssysteme im Rahmen der linearen Programmierung (LP) zu lösen und
- LP-Probleme sowohl grafisch als auch mittels Excel-Solver zu lösen.

5.1 Einführung

Lineare Gleichungen werden in der betrieblichen Praxis häufig verwendet. Beispielsweise bei Materialflüssen. Dabei erscheinen viele Zusammenhänge selbstverständlich. Erhöht ein Unternehmen z. B. die Produktion, muss es eine gute Übersicht über die dann mehr benötigen Inputfaktoren (Rohstoffe, Zwischenprodukte etc.) erhalten. Diese Zusammenhänge sind meist linear.

Letztlich strebt jedes Unternehmen nach Gewinnmaximierung und in diesem Rahmen häufig auch nach Kostenminimierung. Lineare Gleichungssysteme erlauben es zunächst zu beschreiben, wie die Unternehmenszusammenhänge funktionieren. Mit Hilfe linearer Gleichungssysteme kann beispielsweise bestimmt werden, ob es möglich ist, eine bestimmte Bestellung in einer bestimmten Zeit mit vorhandenen Rohstoffen zu produzieren. Solche Überlegungen bilden die Grundlage für die Lösung eines Optimierungsproblems (z. B. Gewinnmaximierung) im Rahmen der Linearen Programmierung (LP). Bei solchen Optimierungen können auch einschränkende Nebenbedingungen berücksichtigt werden. Da in der betrieblichen

Praxis natürlich Computer zur Verfügung stehen, wird am Ende dieses Kapitels auch die Anwendung des Excel-Solvers zur Lösung von LP-Problemen erläutert.

5.2 Lineare Gleichungssysteme

5.2.1 Darstellung und Lösung in Gleichungsform

Definition 18: Lineares Gleichungssystem

Ein lineares Gleichungssystem (mit *m* Gleichungen und *n* Unbekannten) ist durch folgende lineare Gleichung gegeben:

$$\begin{array}{cccccc} a_{11}\cdot x_1 & +a_{12}\cdot x_2 & +a_{13}\cdot x_3 & +\cdots & +a_{1n}\cdot x_n & =b_1 \\ a_{21}\cdot x_1 & +a_{22}\cdot x_2 & +a_{23}\cdot x_3 & +\cdots & a_{2n}\cdot x_n & =b_2 \\ \vdots & \vdots & \vdots & \ddots & \vdots & \vdots \\ a_{m1}\cdot x_1 & +a_{m2}\cdot x_2 & a_{m3}\cdot x_3 & +\cdots & a_{mn}\cdot x_n & =b_m \end{array}$$

Beispiel:

$$\begin{array}{cccc} -x & +3y & +2z & =4 \\ -\frac{1}{2}x & +y & +4z & =6 \\ \frac{1}{2}x & -2y & +3z & =4 \end{array}$$

Für dieses Gleichungssystem gibt es genau eine Lösung. Sie lautet: $x = 12$, $y = 4$ und $z = 2$. Dies kann durch Einsetzen kontrolliert werden.

Doch wie lässt sich eine solche Lösung rechnerisch ermitteln? Eine Antwort liefert der Gauß-Seidel-Algorithmus[9]. Dieser funktioniert wie folgt:

Der Gauß-Seidel-Algorithmus (GSA):

①: **Bestimmung einer Auswahlgleichung,** bei der vor der ersten Unbekannten (z. B. x) der Faktor 1 steht. Wenn in keiner Gleichung eine 1 vor der ersten Unbekannten steht, kann eine Gleichung mittels Äquivalenzumformung entsprechend umgeformt werden.

②: **Berechnung eines reduzierten Systems** durch Verrechnen jeder Nicht-Auswahlgleichung mit der Auswahlgleichung. Ziel ist es hier-

[9] Vgl. Heldermann (2012), S. 87 ff..

bei, dass in allen Nicht-Auswahlgleichungen die erste Unbekannte (z. B. x) verschwindet.

③: **Bestimmung einer weiteren Auswahlgleichung** aus dem reduzierten System, bei der, genau wie in Schritt 1, nun die zweite Unbekannte (z. B. y) den Vorfaktor 1 bekommt.

④: **Weitere Reduzierung des Systems** durch erneutes Verrechnen der Nicht-Auswahlgleichung mit der Auswahlgleichung, so dass die zweite Unbekannte verschwindet.

⑤: **Aufstellen eines Diagonalsystems** durch Auflisten der in den Schritten 1–4 berechneten Gleichungen.

⑥: **Rekursives Einsetzen** der ermittelten Unbekannten von unten nach oben.

⑦: **Probe:** Bei der Lösung eines Gleichungssystems mit Hilfe des Gauß-Seidel-Algorithmus ist es dringend zu empfehlen, seine Ergebnisse durch Einsetzen in das zu Grunde liegende Gleichungssystem zu überprüfen.

Das 7-Schritte-Schema soll an dem zuvor eingeführten Beispiel Schritt für Schritt verdeutlicht werden. Gesucht ist die Lösung des Gleichungssystems:

$$\begin{array}{lllll} I: & -x & +3y & +2z & =4 \\ II: & -\frac{1}{2}x & +y & +4z & =6 \\ III: & \frac{1}{2}x & -2y & +3z & =4 \end{array}$$

Schritt ①:

$$\begin{array}{ll} I: & -x+3y+2z = 4 \quad |\cdot(-1) \\ IV: & \Leftrightarrow x-3y-2z=-4 \end{array}$$

Gleichung I wird durch eine Umformung zu Auswahlgleichung IV.

Schritt ②:

$$\begin{array}{ll} II+\frac{1}{2}IV: & (-\frac{1}{2}x+ \quad y+4z=6) \\ & +\left(\frac{1}{2}x \quad -1{,}5y- \ z=-2\right) \\ \hline \end{array}$$

$$V: \quad = 0x - 0,5y + 3z = 4$$

$$III - \frac{1}{2}IV: \left(\frac{1}{2}x - 2y + 3z = 4\right)$$
$$- \left(\frac{1}{2}x + 1,5y + z = 2\right)$$

$$VI: \quad = 0x - 0,5y + 4z = 6$$

Aufstellen des reduzierten Systems:

$$\begin{aligned} IV:&\quad x - 3y - 2z = -4 \\ V:&\quad -0,5y + 3z = 4 \\ VI:&\quad -0,5y + 4z = 6 \end{aligned}$$

Schritt ③:

$$\begin{aligned} V:&\quad -0,5y + 3z = 4 \qquad | \cdot (-2) \\ VII:&\quad \Leftrightarrow \; y - 6z = -8 \end{aligned}$$

Bestimmen und Umstellen der zweiten Auswahlgleichung

Schritt ④:

$$VI + \frac{1}{2}VII: \left(-\frac{1}{2}y + 4z = 6\right)$$
$$+ \left(\frac{1}{2}y - 3z = -4\right)$$

$$VIII: \quad = 0y + z = 2$$

Weitere Reduzierung des Systems

Schritt ⑤:

$$\begin{aligned} IV:&\quad x - 3y - 2z = -4 \\ VII:&\quad y - 6z = -8 \\ VIII:&\quad z = 2 \end{aligned}$$

Aufstellen eines Diagonalsystems

Schritt ⑥:

$$\begin{aligned}
&\textit{aus VIII folgt}: \quad z = 2\\
&\textit{VIII einsetzen in VII}:\\
&y - 6 \cdot 2 = -8 \qquad | +(6 \cdot 2)\\
&\Leftrightarrow y = 4\\
&\textit{VII + VIII einsetzen in IV}:\\
&\quad x - 3 \cdot 4 - 2 \cdot 2 = -4\\
&\Leftrightarrow x = 12
\end{aligned}$$

Rekursives Einsetzen der ermittelten Werte in die Funktion mit einer zusätzlichen Variablen und nach dieser auflösen.

Nach dem rekursiven Einsetzen erhält man folgende Lösungswerte: $x = 12, y = 4$ und $z = 2$.

Zur Überprüfung der errechneten Lösung werden die Werte zur Probe in die Ausgangsgleichungen eingesetzt. Hinweis: Die Werte sollten unbedingt in *alle* Gleichungen eingesetzt werden.

⑦ Probe:

$$\begin{aligned}
&-12 \quad +(3 \cdot 4) \quad +(2 \cdot 2) \quad = 4 \quad ✔\\
&-6 \quad +4 \quad +(4 \cdot 2) \quad = 6 \quad ✔\\
&6 \quad -(2 \cdot 4) \quad +(3 \cdot 2) \quad = 4 \quad ✔
\end{aligned}$$

Alle drei Gleichungen werden mit den zuvor ermittelten Werten erfüllt. Die Werte sind somit die richtige Lösung des Gleichungssystems.

Für die Lösbarkeit von Gleichungssystemen mit m-Gleichungen und n-Unbekannten gilt:

- Ist $m < n$, gibt es unendlich viele Lösungen des Gleichungssystems (mehr Unbekannte als Gleichungen).
- $m = n$ führt zu einer eindeutigen Lösung, wenn keine redundante Gleichung auftaucht und sich Gleichungen nicht widersprechen.
- Wenn $m > n$ ist, gibt es grundsätzlich keine Lösung des Gleichungssystems.

Voraussetzung für eine eindeutige Lösung ist also die gleiche Anzahl von Unbekannten und Gleichungen. Dies ist in obigem Beispiel erfüllt.

5.2.2 Darstellung und Lösung in Matrizenform

5.2.2.1 Addition, Subtraktion und Multiplikation von Matrizen

Eine reelle Matrix A vom Typ (m,n), kurz mxn-Matrix, ist eine Tabelle reeller Zahlen mit m-Zeilen und n-Spalten.

$$A = \begin{pmatrix} a_{11} & a_{12} & a_{13} & \cdots & a_{1n} \\ a_{21} & a_{22} & a_{23} & \cdots & a_{2n} \\ a_{31} & a_{32} & a_{33} & \cdots & a_{3n} \\ \vdots & \vdots & \vdots & \ddots & \vdots \\ a_{m1} & a_{m2} & a_{m3} & \cdots & a_{mn} \end{pmatrix}$$

$a_{ij} \triangleq$ Element von A in der i-ten Zeile und der j-ten Spalte.

Beispiel:

Für die Herstellung der drei Erzeugnisse E_1 = Telefone, E_2 = USB-Sticks und E_3 = Fernseher werden unter anderem die beiden Zwischenprodukte Z_1 = Kunststoff und Z_2 = Platinen benötigt.

Der Materialverbrauch (in ME) pro Einheit der Erzeugnisse ist in folgender Tabelle aufgeführt:

$$\begin{array}{c} \\ Z_1 \\ Z_2 \end{array} \begin{array}{c} \begin{matrix} E_1 & E_2 & E_3 \end{matrix} \\ \begin{pmatrix} 9 & 6 & 10 \\ 0 & 1 & 8 \end{pmatrix} \end{array}$$

Der Zusammenhang zwischen Zwischenprodukten (Z_1; Z_2) und Erzeugnissen (E_1; E_2; E_3) lässt sich auch als Matrix darstellen:

$$A = \begin{pmatrix} 9 & 6 & 10 \\ 0 & 1 & 8 \end{pmatrix}_{2x3}$$

Eigenschaften von Matrizen:

- Eine Matrix heißt quadratisch, wenn $m = n$
- $A \leq B \Leftrightarrow a_{ij} \leq b_{ij}$ für alle i, j (entsprechend $\geq, <, >, =$)
- Die „transponierte" Matrix A^t (oder A^T) von $A = (a_{ij})$ lautet $A^t = (a_{ji})$ für alle i, j

$$A = \begin{pmatrix} 0 & 9 & 6 \\ 1 & 2 & 3 \\ 5 & 0 & 4 \end{pmatrix} \quad A^t = \begin{pmatrix} 0 & 1 & 5 \\ 9 & 2 & 0 \\ 6 & 3 & 4 \end{pmatrix} \quad (A^t)^t = A$$

- A heißt symmetrisch, wenn $A = A^t$.
- Die Matrix:

$$E_n = \begin{pmatrix} 1 & 0 & 0 & 0 & \cdots & 0 \\ 0 & 1 & 0 & 0 & \cdots & 0 \\ 0 & 0 & 1 & 0 & \cdots & 0 \\ 0 & 0 & 0 & 1 & \cdots & 0 \\ \vdots & \vdots & \vdots & \vdots & \ddots & \vdots \\ 0 & 0 & 0 & 0 & \cdots & 1 \end{pmatrix}_{nxn}$$

heißt n-te Einheitsmatrix oder n-dimensionale Einheitsmatrix.

Um zwei Matrizen miteinander zu addieren und sie zu subtrahieren, wird jedes Einzelelement mit dem passenden Element der anderen Matrix verrechnet:

$$A \pm B = (a_{ij} \pm b_{ij}), \text{ z.B.}$$

$$\begin{pmatrix} 1 & 8 & 2 \\ 0 & 5 & 6 \\ 7 & 1 & 0 \end{pmatrix} + \begin{pmatrix} 3 & 0 & 2 \\ 1 & 1 & 1 \\ 2 & 3 & 8 \end{pmatrix} = \begin{pmatrix} 4 & 8 & 4 \\ 1 & 6 & 7 \\ 9 & 4 & 8 \end{pmatrix}$$

Merke: Es lassen sich nur Matrizen addieren bzw. subtrahieren, die die gleiche Dimension haben.

Es gilt: $A + B = B + A$; $(A + B) + C = A + (B + C)$; $(A + B)^t = A^t + B^t$

Soll eine Matrix mit einer Zahl $\lambda \in \mathbb{R}$ multipliziert werden, muss jedes Element mit dieser Zahl multipliziert werden. Dieser Vorgang heißt skalare Multiplikation.

$$\lambda \cdot A = \lambda \begin{pmatrix} a_{11} & a_{12} & \dots & a_{1n} \\ a_{21} & a_{22} & \dots & a_{2n} \\ \vdots & \vdots & \ddots & \vdots \\ a_{m1} & a_{m2} & \dots & a_{mn} \end{pmatrix} = \begin{pmatrix} \lambda a_{11} & \lambda a_{12} & \dots & \lambda a_{1n} \\ \lambda a_{21} & \lambda a_{22} & \dots & \lambda a_{2n} \\ \vdots & \vdots & \ddots & \vdots \\ \lambda a_{m1} & \lambda a_{m2} & \dots & \lambda a_{mn} \end{pmatrix}$$

Beispiel: Alle Elemente werden verdoppelt:

$$2 \cdot \begin{pmatrix} 9 & 6 & 10 \\ 0 & 1 & 8 \end{pmatrix} = \begin{pmatrix} 18 & 12 & 20 \\ 0 & 2 & 16 \end{pmatrix}$$

Etwas schwieriger ist es, zwei Matrizen miteinander zu multiplizieren. Dieser Vorgang der Matrizenmultiplikation soll an einem Beispiel verdeutlicht werden:

Für die Zwischenprodukte (Z_1; Z_2) werden die Rohstoffe (R_1; R_2) benötigt. Aus den Zwischenprodukten werden die Erzeugnisse (E_1; E_2; E_3) erzeugt.

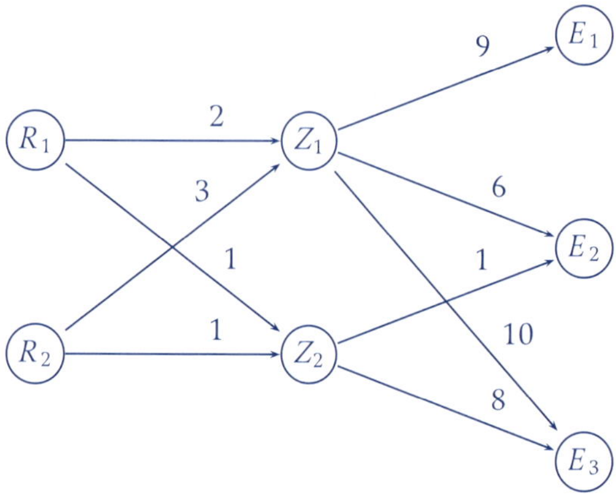

Abbildung 5.1: Materialflussgrafik von Rohstoffen, Zwischenprodukten und Erzeugnissen

Gesucht ist der Rohstoff-Gesamtbedarf, der zur Herstellung jeweils einer ME der Endprodukte benötigt wird.

Rohstoffbedarf für E_1:

$$\begin{aligned} E_1 &= 9 \cdot Z_1 = 9 \cdot (2 \cdot R_1 + 3 \cdot R_2) \\ &= 18R_1 + 27R_2 \end{aligned}$$

Rohstoffbedarf für E_2:

$$\begin{aligned} E_2 &= 6 \cdot Z_1 + 1 \cdot Z_2 = 6 \cdot (2 \cdot R_1 + 3 \cdot R_2) + 1 \cdot (1 \cdot R_1 + 1 \cdot R_2) \\ &= 13R_1 + 19R_2 \end{aligned}$$

Rohstoffbedarf für E_3:

$$\begin{aligned} E_3 &= 10 \cdot Z_1 + 8 \cdot Z_2 = 10 \cdot (2 \cdot R_1 + 3 \cdot R_2) + 8 \cdot (1 \cdot R_1 + 1 \cdot R_2) \\ &= 28R_1 + 38R_2 \end{aligned}$$

Ergebnis als Matrix (Rohstoffbedarfsmatrix):

$$M = \begin{pmatrix} 18 & 13 & 28 \\ 27 & 19 & 38 \end{pmatrix}$$

Den Weg zur Matrix M beschreibt bereits die Matrizenmultiplikation. In einem nächsten Schritt wird ein Prinzip eingeführt, wie man sehr schnell zu diesem Ergebnis gelangt. Dazu wird zunächst noch einmal ein Blick auf die einzelnen Elemente der Matrix M geworfen:

$$\begin{array}{c} \\ R_1 \\ R_2 \end{array}\begin{array}{c} Z_1 \; Z_2 \\ \begin{pmatrix} 2 & 1 \\ 3 & 1 \end{pmatrix} \end{array} \quad \begin{array}{c} \\ Z_1 \\ Z_2 \end{array}\begin{array}{c} E_1 \; E_2 \; E_3 \\ \begin{pmatrix} 9 & 6 & 10 \\ 0 & 1 & 8 \end{pmatrix} \end{array} = \begin{array}{c} \\ R_1 \\ R_2 \end{array}\begin{array}{c} E_1 \quad E_2 \quad E_3 \\ \begin{pmatrix} m_{11} & m_{12} & m_{13} \\ m_{21} & m_{22} & m_{23} \end{pmatrix} \end{array}$$

$$\begin{aligned} m_{11}: &\quad 2\cdot 9 &+1\cdot 0 &= 18 \\ m_{12}: &\quad 2\cdot 6 &+1\cdot 1 &= 13 \\ m_{13}: &\quad 2\cdot 10 &+1\cdot 8 &= 28 \\ m_{21}: &\quad 3\cdot 9 &+1\cdot 0 &= 27 \\ m_{22}: &\quad 3\cdot 6 &+1\cdot 1 &= 19 \\ m_{23}: &\quad 3\cdot 10 &+1\cdot 8 &= 38 \end{aligned}$$

Das so genannte Falk-Schema bietet eine optische Hilfe, um genau diese Einzelschritte der Matrizenmultiplikation durchzuführen. Hier werden zwei Matrizen multipliziert, die Rohstoffe-zu-Zwischenprodukte-Matrix und die Zwischenprodukte-zu-Endprodukte-Matrix:

$$\begin{pmatrix} a_{11} & a_{12} \\ a_{21} & a_{22} \end{pmatrix}_{2x2} \cdot \begin{pmatrix} b_{11} & b_{12} & b_{13} \\ b_{21} & b_{22} & b_{23} \end{pmatrix}_{2x3} = M_{2x3}$$

Das Ergebnis ist dann eine Matrix M von Rohstoffen-zu-Endprodukten.

Um das Falk-Schema anzuwenden, wird die vordere Matrix links von der Ergebnismatrix und die hintere Matrix oberhalb der Ergebnismatrix notiert. Formal sieht das so aus:

$$\begin{array}{c|c} & \begin{pmatrix} b_{11} & b_{12} & b_{13} \\ b_{21} & b_{22} & b_{23} \end{pmatrix} \\ \hline \begin{pmatrix} a_{11} & a_{12} \\ a_{21} & a_{22} \end{pmatrix} & \begin{pmatrix} (a_{11}\cdot b_{11} + a_{12}\cdot b_{21}) & (a_{11}\cdot b_{12} + a_{12}\cdot b_{22}) & (a_{11}\cdot b_{13} + a_{12}\cdot b_{23}) \\ (a_{21}\cdot b_{11} + a_{22}\cdot b_{21}) & (a_{21}\cdot b_{12} + a_{22}\cdot b_{22}) & (a_{21}\cdot b_{13} + a_{22}\cdot b_{23}) \end{pmatrix} \end{array}$$

In dem eingeführten Beispiel sieht die Lösung nach Falk-Schema dann wie folgt aus:

$$\begin{array}{cc} & \begin{pmatrix} 9 & 6 & 10 \\ 0 & 1 & 8 \end{pmatrix} \\ \begin{pmatrix} 2 & 1 \\ 3 & 1 \end{pmatrix} & \begin{pmatrix} 2\cdot 9+1\cdot 0 & 2\cdot 6+1\cdot 1 & 2\cdot 10+1\cdot 8 \\ 3\cdot 9+1\cdot 0 & 3\cdot 6+1\cdot 1 & 3\cdot 10+1\cdot 8 \end{pmatrix} = \begin{pmatrix} 18 & 13 & 28 \\ 27 & 19 & 38 \end{pmatrix} \end{array}$$

Die Matrizenmultiplikation wird im Folgenden benötigt, um mit einem komfortablen Verfahren Gleichungssysteme zu lösen. Doch nicht jedes Matrizenpaar lässt sich multiplizieren. Eine Matrizenmultiplikation kann nur durchgeführt werden, wenn die Anzahl der Spalten der vorderen Matrix der Anzahl der Zeilen der hinteren Matrix entsprechen. Außerdem ist die Position der Matrix in der Multiplikation entscheidend. Häufig gilt:

$$A \cdot B \neq B \cdot A$$

Abbildung 5.2: Video zur Matrizenmultiplikation mit dem Falk-Schema

5.2.2.2 Lineare Gleichungssysteme in Matrizenform

Ziel ist es, Gleichungssysteme mittels Matrizenrechnung zu lösen. Dazu werden zunächst die Koeffizienten des Gleichungssystems in eine Koeffizientenmatrix überführt.

Beispiel:

$$\begin{array}{rcrcrcrl} 2x_1 & + & 3x_2 & + & 4x_3 & - & x_4 & =1 \\ & & 5x_2 & - & 2x_3 & + & 3x_4 & =2 \\ 4x_1 & + & x_2 & & & & & =3 \\ 2x_1 & - & x_2 & + & x_3 & + & 2x_4 & =4 \end{array}$$

Aus diesem Gleichungssystem ergibt sich unmittelbar die Koeffizientenmatrix:

$$A: \begin{pmatrix} 2 & 3 & 4 & -1 \\ 0 & 5 & -2 & 3 \\ 4 & 1 & 0 & 0 \\ 2 & -1 & 1 & 2 \end{pmatrix}_{4x4}$$

Für die Lösbarkeit einer Koeffizientenmatrix gelten die gleichen Bedingungen wie für Gleichungssysteme in Gleichungsform.

Mathematisch ist eine *mxn* Matrix A übrigens regulär, wenn der GSA zu einer eindeutigen Lösung führt.

Wenn eine Matrix regulär ist, dann gibt es auch eine inverse Matrix A^{-1}. Diese wird gleich benötigt, um das Gleichungssystem zu lösen. Es gilt:

$$A \cdot A^{-1} = E_n = \begin{pmatrix} 1 & 0 & 0 & 0 & \dots & 0 \\ 0 & 1 & 0 & 0 & \dots & 0 \\ 0 & 0 & 1 & 0 & \dots & 0 \\ 0 & 0 & 0 & 1 & \dots & 0 \\ \vdots & \vdots & \vdots & \vdots & \ddots & \vdots \\ 0 & 0 & 0 & 0 & \dots & 1 \end{pmatrix} = A^{-1} \cdot A$$

Doch zunächst soll noch einmal ein Blick auf das schon bekannte allgemeine Gleichungssystem geworfen werden:

Ein solches Gleichungssystem kann auch mit Matrizen aufgestellt werden. Dazu wird das Gleichungssystem zunächst in drei Bestandteile zerlegt: Den Lösungsvektor $\vec{x}$, die Koeffizientenmatrix A und die rechte Seite $\vec{b}$.

$$\vec{x} = \begin{pmatrix} x_1 \\ x_2 \\ x_3 \\ \vdots \\ x_n \end{pmatrix}; \; A = \begin{pmatrix} a_{11} & a_{12} & a_{13} & \dots & a_{1n} \\ a_{21} & a_{22} & a_{23} & \dots & a_{2n} \\ a_{31} & a_{32} & a_{33} & \dots & a_{3n} \\ \vdots & \vdots & \vdots & \ddots & \vdots \\ a_{m1} & a_{m2} & a_{m3} & \dots & a_{mn} \end{pmatrix}; \; \vec{b} = \begin{pmatrix} b_1 \\ b_2 \\ b_3 \\ \vdots \\ b_m \end{pmatrix}$$

Das Produkt aus der Koeffizientenmatrix A und dem Lösungsvektor $\vec{x}$ ergibt die rechte Seite $\vec{b}$:

$$A \cdot \vec{x} = \vec{b}$$

Gesucht ist in einem Gleichungssystem typischerweise der Lösungsvektor $\vec{x}$. Um diesen mittels Matrizenrechnung zu bestimmen, wird folgende Umformung durchgeführt:

$$\begin{aligned} & A \cdot \vec{x} = \vec{b} && | \cdot A^{-1} \ (\textit{linksseitig}) \\ \Leftrightarrow\ & \underbrace{A^{-1} \cdot A} \cdot \vec{x} = A^{-1} \cdot \vec{b} \\ \Leftrightarrow\ & \quad E_n \quad \cdot \vec{x} = A^{-1} \cdot \vec{b} \\ \Leftrightarrow\ & \qquad\quad \vec{x} = A^{-1} \cdot \vec{b} \end{aligned}$$

Zur Lösung des Gleichungssystems wird also die Inverse A^{-1} benötigt. Da die rechte Seite $\vec{b}$ in der Regel bekannt ist, kann dann das Gleichungssystem komfortabel gelöst werden.

Zur Veranschaulichung der Berechnung einer inversen Matrix wird folgendes Beispiel herangezogen:

$$A = \begin{pmatrix} \frac{1}{2} & 0 & \frac{3}{2} \\ 1 & \frac{1}{2} & 0 \\ 2 & \frac{1}{2} & 1 \end{pmatrix} \text{ und } \vec{b} = \begin{pmatrix} 2 \\ 5 \\ 3 \end{pmatrix}$$

Vorgehensweise:

Schreibe A und E_n nebeneinander und forme solange um, bis E_n an der Stelle von A steht.

		A			E_3		
[1]	$\frac{1}{2}$	0	$\frac{3}{2}$	1	0	0	
[2]	1	$\frac{1}{2}$	0	0	1	0	
[3]	2	$\frac{1}{2}$	1	0	0	1	
	$\frac{1}{2}$	0	$\frac{3}{2}$	1	0	0	
[4]	0	$\frac{1}{2}$	−3	−2	1	0	$\|[2]-2\cdot[1]$
[5]	0	$-\frac{1}{2}$	1	0	−2	1	$\|[3]-2\cdot[2]$
	$\frac{1}{2}$	0	$\frac{3}{2}$	1	0	0	
	0	$\frac{1}{2}$	−3	−2	1	0	
[6]	0	0	−2	−2	−1	1	$\|[5]+[4]$
[7]	1	0	3	2	0	0	$\|[1]\cdot 2$
[8]	0	1	−6	−4	2	0	$\|[4]\cdot 2$
[9]	0	0	1	1	$\frac{1}{2}$	$-\frac{1}{2}$	$\|[6]:(-2)$

$$\begin{array}{ccc|ccc|l} 1 & 0 & 0 & -1 & -\frac{3}{2} & \frac{3}{2} & |[7]-3\cdot[9] \\ 0 & 1 & 0 & 2 & 5 & -3 & |[8]+6\cdot[9] \\ 0 & 0 & 1 & 1 & \frac{1}{2} & -\frac{1}{2} & \\ & E_3 & & & A^{-1} & & \end{array}$$

Die gewonnene Inverse Matrix A^{-1} kann nun zur Lösung des Gleichungssystems verwendet werden:

$$\vec{x} = A^{-1} \cdot \vec{b}$$

$$\begin{array}{ccc|c} & & & 2 \\ & & & 5 \\ & & & 3 \\ \hline -1 & -\frac{3}{2} & \frac{3}{2} & -5 \\ 2 & 5 & -3 & 20 \\ 1 & \frac{1}{2} & -\frac{1}{2} & 3 \end{array}$$

Das Rechnen der Probe bestätigt das richtige Ergebnis:

$$\begin{array}{ccc|c} & & & -5 \\ & & & 20 \\ & & & 3 \\ \hline \frac{1}{2} & 0 & \frac{3}{2} & 2 \\ 1 & \frac{1}{2} & 0 & 5 \\ 2 & \frac{1}{2} & -1 & 3 \end{array}$$

Abbildung 5.3: Video zu inversen Matrizen

Je kleiner die Koeffizientenmatrix ist, desto schneller kann sie invertiert werden. Besonders schnell geht es bei 2x2-Matrizen:

$$A = \begin{pmatrix} 3 & 1 \\ 0 & 1 \end{pmatrix}$$

	A		E_2		
[1]	3	1	1	0	
[2]	0	1	0	1	
[3]	1	$\frac{1}{3}$	$\frac{1}{3}$	0	$\mid [1]:3$
	0	1	0	1	
[4]	1	0	$\frac{1}{3}$	$-\frac{1}{3}$	$\mid [3]-\frac{1}{3}\cdot[2]$
	0	1	0	1	

$$\rightarrow A^{-1} = \begin{pmatrix} \frac{1}{3} & -\frac{1}{3} \\ 0 & 1 \end{pmatrix}$$

Für 2x2-Matrizen lässt sich bei der Berechnung der Inversen auch eine allgemeine Formel aufstellen:

Formel 34: Invertierung von 2x2-Matrizen

Für eine Matrix $A = \begin{pmatrix} a & b \\ c & d \end{pmatrix}$ lautet die Inverse $A^{-1} = \frac{1}{ad-bc} \cdot \begin{pmatrix} d & -b \\ -c & a \end{pmatrix}$

Beispiel:

$$A^{-1} = \frac{1}{3\cdot 1 - 1\cdot 0} \cdot \begin{pmatrix} 1 & -1 \\ 0 & 3 \end{pmatrix} = \frac{1}{3} \cdot \begin{pmatrix} 1 & -1 \\ 0 & 3 \end{pmatrix} = \begin{pmatrix} \frac{1}{3} & -\frac{1}{3} \\ 0 & 1 \end{pmatrix}$$

Anwendungsbeispiel:

Sie planen die Produktion von Stühlen und Tischen. Berechnen Sie den Bedarf an Rohstoffen (Holz, Stahl) sowie den Zwischenprodukten (Bretter, Balken & Verbindungselemente) für drei Bestellungen:

1. 100 Stühle & 150 Tische
2. 50 Stühle & 150 Tische
3. 150 Stühle & 100 Tische

Gegeben ist ihnen folgende Materialflussgrafik:

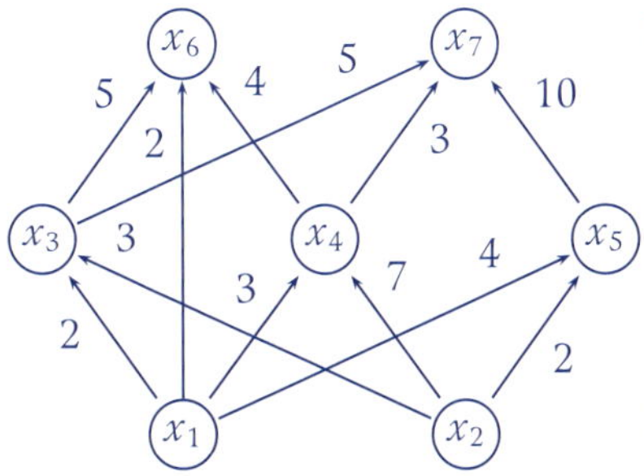

Abbildung 5.4: Materialflussgrafik bei der Stuhl- und Tischproduktion

Die Materialflussgrafik liefert bereits einen guten Überblick über die benötigten Komponenten zur Fertigung von Tischen (x_6) und Stühlen (x_7). Wie viele Einheiten von x_1 bis x_5 benötigt werden, lässt sich (in Abhängigkeit vom jeweiligen Bedarf an anderen Stellen) zusätzlich in folgenden Gleichungen festhalten:

$$\begin{aligned}
x_1 &= 2\cdot x_3 + 3\cdot x_4 + 4\cdot x_5 + 2\cdot x_6 \\
x_2 &= 3\cdot x_3 + 7\cdot x_4 + 2\cdot x_5 \\
x_3 &= 5\cdot x_6 + 5\cdot x_7 \\
x_4 &= 4\cdot x_6 + 3\cdot x_7 \\
x_5 &= 10\cdot x_7 \\
x_6 &= 100 \quad /50 \quad /150 \quad \textit{(Bestellung 1/2/3)} \\
x_7 &= 150 \quad /150 \quad /100 \quad \textit{(Bestellung 1/2/3)}
\end{aligned}$$

Ein Umstellen der Gleichungen ergibt:

$$\begin{array}{ccccccccl}
x_1 & & -2x_3 & -3x_4 & -4x_5 & -2x_6 & & = 0 \\
 & x_2 & -3x_3 & -7x_4 & -2x_5 & & & = 0 \\
 & & x_3 & & & -5x_6 & -5x_7 & = 0 \\
 & & & x_4 & & -4x_6 & -3x_7 & = 0 \\
 & & & & x_5 & & -10x_7 & = 0 \\
 & & & & & x_6 & & = 100/50/150 \\
 & & & & & & x_7 & = 150/150/100
\end{array}$$

Um dieses Gleichungssystem zu lösen, wird die Koeffizientenmatrix A und die rechte Seite $\vec{b}$ aufgestellt.

$$\begin{pmatrix} 1 & 0 & -2 & -3 & -4 & -2 & 0 \\ 0 & 1 & -3 & -7 & -2 & 0 & 0 \\ 0 & 0 & 1 & 0 & 0 & -5 & -5 \\ 0 & 0 & 0 & 1 & 0 & -4 & -3 \\ 0 & 0 & 0 & 0 & 1 & 0 & -10 \\ 0 & 0 & 0 & 0 & 0 & 1 & 0 \\ 0 & 0 & 0 & 0 & 0 & 0 & 1 \end{pmatrix} A_{7x7} \quad \vec{b} = \begin{pmatrix} 0 \\ 0 \\ 0 \\ 0 \\ 0 \\ 100/50/150 \\ 150/150/100 \end{pmatrix}$$

Jetzt wird noch die inverse Koeffizientenmatrix gebraucht, dann lässt sich das Gleichungssystem lösen:

$$A \cdot \vec{x} = \vec{b} \Leftrightarrow \vec{x} = A^{-1} \cdot \vec{b}$$

Die inverse Matrix wird hier nicht per Hand, sondern von einem Computer ausgerechnet. Beispielsweise mit Excel über den Befehl =MINV().

Die Lösung für $\vec{x}$ lautet dann:

$$\vec{x_1} = \begin{pmatrix} 11250 \\ 12700 \\ 1250 \\ 850 \\ 1500 \\ 100 \\ 150 \end{pmatrix} \quad \vec{x_2} = \begin{pmatrix} 10050 \\ 10550 \\ 1000 \\ 650 \\ 1500 \\ 50 \\ 150 \end{pmatrix} \quad \vec{x_3} = \begin{pmatrix} 9500 \\ 12050 \\ 1250 \\ 900 \\ 1000 \\ 150 \\ 100 \end{pmatrix}$$

5.3 Lineare Programmierung

Die lineare Programmierung ist eine Technik zur Optimierung von Entscheidungen in einem linearen Kontext unter Nebenbedingungen. Zunächst wird nachfolgend die Lösung von zweidimensionalen LP-Problemen vorgeführt, anschließend erfolgt dann die Anwendung des Excel-Solvers bei mehrdimensionalen LP-Problemen.

5.3.1 Lösung von zweidimensionalen LP-Problemen mittels Zeichnung

Stellen Sie sich vor, Sie wollen einen Kuchen backen. Ihr Ziel ist es, die Zutaten für ihren Kuchen so günstig wie möglich einzukaufen.

Folgende Nebenbedingungen sind Ihnen vorgegeben:

- Kaufen Sie mindestens 2 kg Zucker
- Kaufen Sie höchstens 7 kg Zucker
- Beachten Sie das Verhältnis:
- $x_2 - 0{,}5x_1 \geq 1$, mit x_1: *Menge an Zucker in kg* & x_2: *Menge an Mehl in kg*

Außerdem wissen Sie: Zucker kostet 2 €/kg und Mehl kostet 1 €/kg.

Idee: Zeichnen Sie alle Nebenbedingungen in ein x_2,x_1-Diagramm, um einen Lösungsraum zu finden. Ermitteln Sie dann den Punkt, der zu minimalen Kosten alle Nebenbedingungen einhält.

Um den Lösungsraum zeichnerisch darstellen zu können, müssen die Nebenbedingungen zunächst in darstellbare Formeln umgeformt werden:

$$NB1 \rightarrow x_1 \geq 2$$
$$NB2 \rightarrow x_1 \leq 7$$
$$NB3 \rightarrow x_2 - 0{,}5x_1 \geq 1 \Leftrightarrow x_2 \geq 1 + 0{,}5x_1$$

Die Nebenbedingungen lassen sich als Geraden einzeichnen. Die Pfeile an den Geraden verdeutlichen, dass Werte in diese Richtung erlaubt sind. Die Geraden begrenzen den hinterlegten Lösungsraum. Beispielsweise sind bei der NB1 alle Werte für x_1 erlaubt, die größer oder gleich 2 sind. Nach oben ist der Lösungsraum nicht eingeschränkt.

Welche der erlaubten x_1-x_2-Kombinationen führen zu einer kostengünstigen Kaufentscheidung? Oder anders gesagt, bei welcher Kombination wären die Kosten minimal? Dazu wird zunächst die Kostenfunktion aufgestellt. Hier lautet Sie:

$$K_{min} = 2x_1 + 1x_2$$
$$\Leftrightarrow x_2 = K - 2x_1$$

Diese Kostenfunktion (auch: Zielfunktion) kann ebenfalls in die Abbildung eingezeichnet werden. Die Lage ist abhängig von der Höhe der Kosten. Offensichtlich sind die Kosten umso geringer, je näher die Gerade an den Ursprung gelegt wird.

z. B.: $K = 6 \rightarrow x_2 = 6 - 2x_1$ $K = 8 \rightarrow x_2 = 8 - 2x_1$

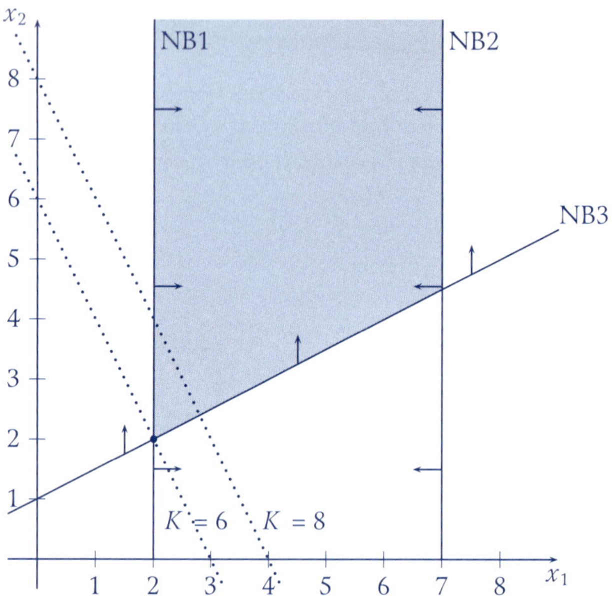

Abbildung 5.5: Lösungsraum mit Zielfunktion beim Kuchenkauf LP-Problem

Der Optimalpunkt ist der Punkt, in dem die Zielfunktion den Lösungsraum gerade noch berührt, hier also der Schnittpunkt von NB1 und NB3. Auch wenn schon offensichtlich ist, wo dieser Punkt liegt, kann er als Schnittpunkt berechnet werden:

$$(x_1 = 2) \cap (x_2 = 1 + 0{,}5x_1 \Leftrightarrow x_1 = 2x_2 - 2)$$

Gleichsetzen: $2 \overset{!}{=} 2x_2 - 2$ liefert $x_2 = 2$, NB1 bestimmt $x_1 = 2$.

Einsetzen in die Kostenfunktion: $K = x_1 + x_2 \Rightarrow 2 \cdot 2 + 2 = 6$

Lösung: Sie kaufen 2 kg Zucker und 2 kg Mehl mit Kosten von 6 €.

Zweidimensionale LP-Problemstellungen können folgende Lösungen haben:

1. Eine optimale Lösung (i. d. R. ein Kostenminimum oder Gewinnmaximum)
2. Keine Lösung
3. Unendlich viele Lösungen
4. Mehrere Lösungen (aber nicht unendlich viele)

Diese vier Fälle sind in nachfolgender Abbildung dargestellt:

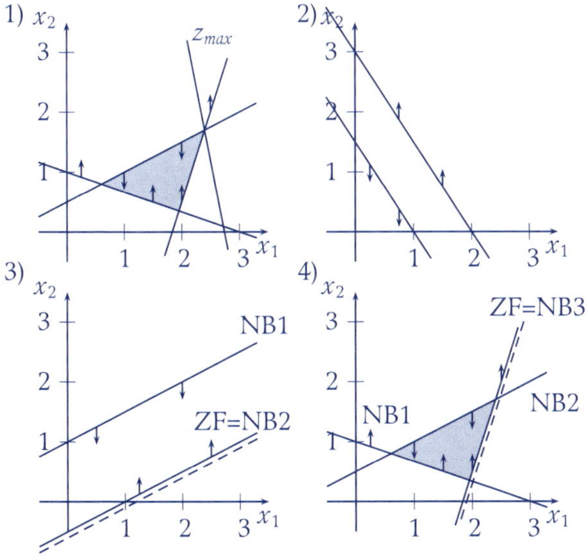

Abbildung 5.6: Mögliche Lösungen von 2-dimensionalen LP-Problemen

In einem LP-Diagramm lassen sich auch sehr gut Lösungen finden, wenn nur ganzzahlige Kombinationen von x_1 und x_2 erlaubt sind.

Die Punkte in der Abbildung markieren ganzzahlige x_1-x_2-Kombinationen. Ebenfalls ist eine Zielfunktion angedeutet. Die Lösung ist nicht mehr der Schnittpunkt von zwei Nebenbedingungen, sondern eine ganzzahlige Kombination.

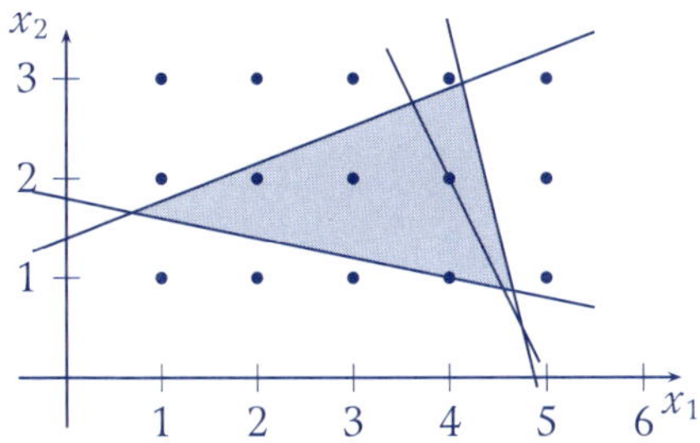

Abbildung 5.7: Ganzzahlige Lösung eines 2-dimensionalen LP-Problems

Abbildung 5.8: Video zur linearen Optimierung mittels Zeichnung

5.3.2 Lösung von mehrdimensionalen LP-Problemen mittels Excel-Solver

Der Excel-Solver eignet sich sehr gut zum Lösen von mehrdimensionalen LP-Problemen. Anders als bei der zuvor erläuterten grafischen Lösung von zweidimensionalen Problemen, ist es hiermit möglich, über mehrere Unbekannte unter einer Vielzahl von Nebenbedingungen zu optimieren. Der Solver bietet dabei die Möglichkeit, entweder einen bestimmten Zielwert oder aber ein Minimum bzw. Maximum zu finden. Die Funktionsweise des Solvers soll an einem Beispiel erläutert und vorgeführt werden.

Beispiel: Beschaffung von Futtermitteln für Wildschweine in einem Tierpark

Das Ziel ist es, so günstig wie möglich Wildschweinfutter zu kaufen. Hierbei gilt es, einige Nebenbedingungen (NB) zu beachten:

NB1: Es dürfen maximal 4500 € ausgegeben werden.

NB2: Es müssen mindestens 230 kg Proteine beschafft werden.

NB3: Das Futter muss mindestens 3,2 Mio. Kalorien enthalten.

NB4: Das Futter muss mindestens 1,2 Tonnen Fett beinhalten.

Es stehen drei Futtersorten zur Auswahl. Hierüber liegen folgende Informationen vor:

	Preis in €/kg	Protein in Gramm/kg	Kalorien pro kg	Fett in Gramm/kg
Futtersorte 1:	0,98	180	322	189
Futtersorte 2:	0,79	12	632	450
Futtersorte 3:	1,19	9	1011	214

Um das Problem zur Lösung mit dem Excel-Solver vorzubereiten, müssen zunächst die unbekannten Variablen definiert werden:

x_1: Menge an Futtersorte 1 in kg

x_2: Menge an Futtersorte 2 in kg

x_3: Menge an Futtersorte 3 in kg

Jetzt lässt sich eine Zielfunktion formulieren. Die Aufgabe ist es, möglichst kostengünstig Futtersorten einzukaufen. Es wird daher das Minimum der Zielfunktion $K = 0{,}98x_1 + 0{,}79x_2 + 1{,}19x_3$ gesucht.

Die Nebenbedingungen müssen zur weiteren Verwendung (unter Beachtung der Mengeneinheiten!) ebenfalls als Formeln formuliert werden:

NB1: $0{,}98x_1 + 0{,}79x_2 + 1{,}19x_3 \leq 4500$

NB2: $180x_1 + 12x_2 + 9x_3 \geq 230.000$

NB3: $322x_1 + 632x_2 + 1011x_3 \geq 3.200.000$

NB4: $189x_1 + 450x_2 + 214x_3 \geq 1.200.000$

Es handelt sich hier also um ein dreidimensionales LP-Problem unter vier Nebenbedingungen. Diese Informationen werden nun in ein Excel-Tabellenblatt eingefügt.

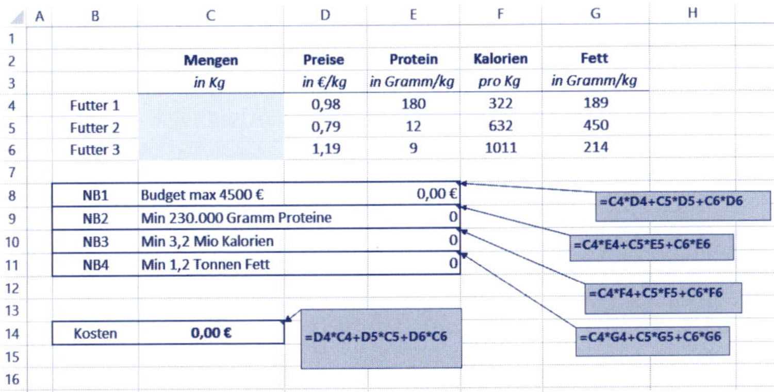

Abbildung 5.9: Vorbereitung des Wildschweinbeispiels in Excel

Wichtig für die spätere Verwendung des Solvers ist, dass alle Nebenbedingungen als Excel-Formeln hinterlegt werden (Zellen E8; E9; E10 und E11). In diesen Zellen ist nun eingetragen, wie viel Budget verausgabt wird und wie viel Proteine, Kalorien und Fett bei einer bestimmten Kombination der Futtersorten insgesamt im Futter enthalten sind. Die Formeln beziehen sich dabei auf die noch leeren Mengenfelder C4; C5 und C6. Diese Mengenfelder sollen letztlich vom Solver gefüllt werden und zwar so, dass alle Nebenbedingungen eingehalten werden und gleichzeitig so wenig Kosten wie möglich entstehen. Die Zielfunktion ist in Zelle C14 formuliert.

Im nächsten Schritt wird der Solver aufgerufen.

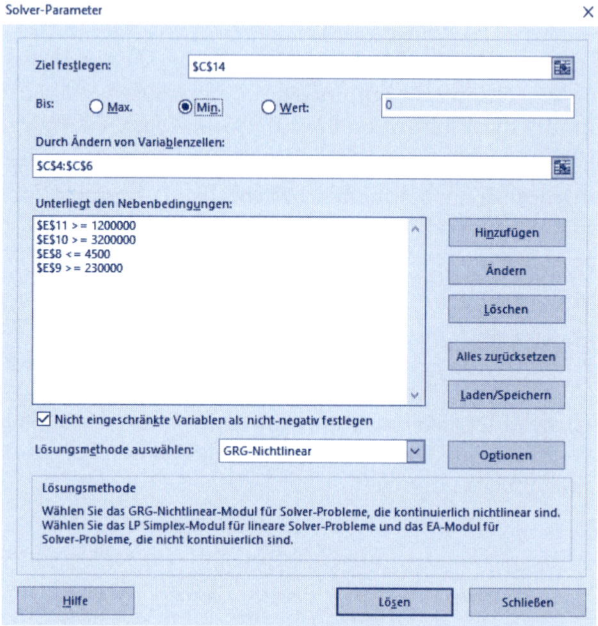

Abbildung 5.10: Der Excel-Solver zur Lösung des Wildschweinbeispiels

In der Abbildung ist zu sehen, dass zunächst ein Ziel festgelegt wird. Dies ist bereits in Zelle C14 hinterlegt (siehe Abbildung 1). Es handelt sich dabei um die zu minimierende Kostenfunktion. Folglich wird in der Solver-Maske als Einstellung „Min." ausgewählt. Anschließend muss festgelegt werden, welche Zellen der Solver befüllen soll bzw. über welche Zellen optimiert werden soll. Dies sind in diesem Beispiel die Mengen der Futtersorten, hinterlegt in den Zellen C4; C5 und C6 (also C4 bis C6 → \$C\$4:\$C\$6).

Im letzten Schritt werden die Nebenbedingungen hinzugefügt. Hier muss ebenfalls auf die zuvor vorbereiteten Zellen referenziert werden. So wird z. B. als erste Nebenbedingung festgelegt, dass der Wert im Feld E8 kleiner-gleich 4500 sein soll (siehe NB1). Im gleichen Prinzip wurden auch die Nebenbedingungen 2 bis 4 eingefügt.

Jetzt kann der Solver angewiesen werden, das Problem zu „lösen". Im Tabellenblatt (aus Abbildung 5.9) werden, wenn es für das Problem eine Lösung gibt, jetzt die entsprechenden Variablenzellen vom Solver befüllt.

	A	B	C	D	E	F	G
1							
2			**Mengen**	**Preise**	**Protein**	**Kalorien**	**Fett**
3			*in Kg*	*in €/kg*	*in Gramm/kg*	*pro Kg*	*in Gramm/kg*
4		Futter 1	1093,194	0,98	180	322	189
5		Futter 2	1235,036	0,79	12	632	450
6		Futter 3	2044,954	1,19	9	1011	214
7							
8		NB1	Budget max 4500 €		4.480,50 €		
9		NB2	Min 230.000 Gramm Proteine		230000		
10		NB3	Min 3,2 Mio Kalorien		3200000		
11		NB4	Min 1,2 Tonnen Fett		1200000		
12							
13							
14		Kosten	**4.480,50 €**				

Abbildung 5.11: Ergebnis der Excel-Solver Kostenminimierung beim Wildschweinbeispiel

Kostenminimal ist es demnach, 1098,194 kg von Futtersorte 1, 1235,036 kg von Futtersorte 2 und 2044,954 kg von Futtersorte 3 zu beschaffen. In den Zellen E8 bis E11 ist ersichtlich, dass bei dieser Lösung alle Nebenbedingungen eingehalten werden. Insgesamt werden Kosten i. H. v. 4.480,50 € verursacht (Kostenminimum).

Abbildung 5.12: Video zur linearen Programmierung mittels Excel-Solver

Formelsammlung

Formeln Kapitel 1

Bildungsvorschrift arithmetische Folge:

$$a_n^{ari} = a_0 + n \cdot d$$

Summe einer arithmetischen Folge:

$$\sum_n^{ari} = \frac{N+1}{2} \cdot (a_0 + a_N)$$

Arithmetisches Mittel:

$$\frac{1}{N+1} \sum_{i=0}^{N} a_i = \frac{a_0 + a_1 + \ldots + a_N}{N+1}.$$

Bildungsvorschrift geometrische Folge:

$$a_n = a_0 \cdot q^n$$

Summe einer geometrischen Folge:

$$\sum_n^{geo} = a_0 \cdot \frac{q^{N+1} - 1}{q - 1}$$

Geometrisches Mittel:

$$\overline{q} = \sqrt[n]{\frac{a_N}{a_0}} = \sqrt[n]{q_1 \cdot q_2 \cdot q_3 \cdot q_4 \cdot \ldots \cdot q_n} = (q_1 \cdot q_2 \cdot q_3 \cdot q_4 \cdot \ldots \cdot q_n)^{\frac{1}{n}}$$

Geometrisches Mittel in %:

$$\overline{q_{geo}} = (\overline{q} - 1) \cdot 100$$

Rentenbarwertfaktor:

$$RBF = \frac{q^n - 1}{q^n \cdot i}$$

Barwert einer Rente:

$$r_0 = RBF \cdot Rente$$

Zinsen von Kapital:

$$Z_n = K_{n-1} \cdot i$$

Kapital linear verzinst:

$$K_n^{lin} = K_0(1 + i \cdot n)$$

Kapital exponential verzinst:

$$K_n^{exp} = K_0(1 + i)^n = K_0 \cdot q^n$$

Barwert:

$$K_0 = \frac{K_n}{(1+i)^n}$$

Formeln Kapitel 2

Steigung einer linearen Funktion:

$$m = \frac{y_2 - y_1}{x_2 - x_1}$$

y-Achsenabschnitt einer linearen Funktion:

$$b = y_1 - \frac{y_2 - y_1}{x_2 - x_1} \cdot x_1$$

Nullstelle einer linearen Funktion:

$$f(x) = 0 \Leftrightarrow m \cdot x_0 + b = 0 \qquad \Leftrightarrow x_0 = \frac{-b}{m}$$

Nullstellen einer quadratischen Funktion (pq-Formel):

$$x_1 = -\frac{p}{2} + \sqrt{(\tfrac{p}{2})^2 - q} \qquad x_2 = -\frac{p}{2} - \sqrt{(\tfrac{p}{2})^2 - q}$$

Formeln Kapitel 3

Ableitung von $f(x) = x^a \quad a \in \mathbb{R}$:

$$f'(x) = a \cdot x^{a-1}$$

Ableitung von $f(x) = ca^x$:

$$f'(x) = c \cdot \left[a^x \cdot \ln(a)\right]$$

Ableitung von $f(x) = ln(x)$ mit $x > 0$:

$$f'(x) = \tfrac{1}{x}$$

Ableitung von $\sqrt[n]{x} = x^{\frac{1}{n}}$:

$$\tfrac{1}{n} x^{\frac{1}{n}-1}$$

Konstantenregel:

$$[c \cdot f(x)]' = c \cdot f'(x)$$

Summenregel:

$$[f(x) + g(x)]' = f'(x) + g'(x)$$

Kettenregel:

$$[f(g(x))]' = f'[g(x)] \cdot g'(x)$$

Produktregel:

$$[f(x) \cdot g(x)]' = f'(x) \cdot g(x) + f(x) \cdot g'(x)$$

Quotientenregel:

$$[\tfrac{f(x)}{g(x)}]' = \frac{f'(x) \cdot g(x) - f(x) \cdot g'(x)}{(g(x))^2}$$

Kettenregel Logarithmus:

$$[ln(g(x))]' = \tfrac{1}{g(x)} \cdot g'(x)$$

Kettenregel e-Funktion:

$$[e^{g(x)}]' = e^{g(x)} \cdot g'(x)$$

Lagrangefunktion:

$$L(x_1;x_2;...;x_n;\lambda) = f(x_1;x_2;...;x_n) + \lambda(g(x_1;x_2;...;x_n) - d)$$

Formeln Kapitel 4

Hauptsatz der Integralrechnung:

$$\int_a^b f(x)\mathrm{d}x = F(b) - F(a)$$

Stammfunktion einer quadratischen Funktion:

$$\int ax^2 + bx + d\ \mathrm{d}x = \tfrac{1}{3}ax^3 + \tfrac{1}{2}bx^2 + dx + c$$

Stammfunktion einer Kubischen Funktion:

$$\int ax^3 + bx^2 + dx + k\ \mathrm{d}x = \tfrac{1}{4}ax^4 + \tfrac{1}{3}bx^3 + \tfrac{1}{2}dx^2 + kx + c$$

Stammfunktion eines Polynoms:

$$\int ax^n \mathrm{d}x = \tfrac{1}{n+1}ax^{n+1} + c$$

Stammfunktion einer gebrochenrationalen Funktion:

$$\int \tfrac{a}{x^n}\mathrm{d}x = \tfrac{a}{-n+1}x^{-n+1} + c \quad mit\ x \neq 0 \quad ;n > 1$$

Ausnahme: $n = 1$ $\int x^{-1}\mathrm{d}x = \int \tfrac{1}{x}\mathrm{d}x = ln(x) + c; x > 0$

Stammfunktion einer Wurzelfunktion:

$$\int a \cdot \sqrt{x}\ \mathrm{d}x = \int ax^{\frac{1}{2}}\mathrm{d}x = \tfrac{2a}{3}x^{\frac{3}{2}} + c$$

Stammfunktion einer Exponentialfunktion:

$$\int a^x \mathrm{d}x = \tfrac{a^x}{ln(a)} + c \text{ mit } a > 0 \text{ und } x > 0$$

Stammfunktion einer Exponentialfunktion mit der Basis e:

$$\int a \cdot e^x \mathrm{d}x = a \cdot e^x + c \quad x > 0$$

Stammfunktion einer Logarithmusfunktion:

$$\int a \cdot ln(x)\mathrm{d}x = a \cdot (x\,ln(x) - x) + c \text{ mit } a \in \mathbb{R}, x > 0$$

Substitution:

$$\int f(x)\mathrm{d}x = \int (f(g(z)) \cdot g'(z))\mathrm{d}z$$

Partielle Integration:

$$\int (f'(x)g(x))\mathrm{d}x = f(x)g(x) - \int (f(x)g'(x))\mathrm{d}x \quad \text{bzw.}$$
$$\int (u'v)\mathrm{d}x = uv - \int (uv')\mathrm{d}x$$

Formeln Kapitel 5

$$A + B = (a_{ij} + b_{ij}) \;\; \textit{für } A = (a_{ij}) \textit{ und } B = (b_{ij})$$
$$A + B = B + A$$
$$(A + B) + C = A + (B + C)$$
$$\lambda A = (\lambda a_{ij})$$
$$A \cdot B = C = (c_{mk}) \;\; \textit{für } A = (a_{mn}) \textit{ und } B = (b_{nk})$$
$$\textit{mit } c_{ij} = \sum_{l=1}^{n} a_{il} \cdot b_{lj} = a_{i1} \cdot b_{1j} + a_{i2} \cdot b_{2j} + \ldots + a_{in} \cdot b_{nj}\,;$$
$$\textit{wobei } i = 1,\ldots,m;\; j = 1,\ldots,k$$
$$(A \cdot B) \cdot C = A \cdot (B \cdot C)$$
$$A \cdot (B + C) = A \cdot B + A \cdot C$$
$$(A + B)^t = A^t + B^t$$
$$(A \cdot B)^t = B^t \cdot A^t$$
$$(A^t)^t = A$$
$$\vec{x} = A^{-1} \cdot \vec{b}$$

$$A^{-1} = \tfrac{1}{d}\begin{pmatrix} a_{22} & (-a_{12}) \\ (-a_{21}) & a_{11} \end{pmatrix} \textit{wenn } d = a_{11}a_{22} - a_{21}a_{12} \neq 0$$

$$A_n \cdot A_n^{-1} = E_n$$

Einige hilfreiche Umformungsregeln

$$\sqrt[n]{a} \cdot \sqrt[n]{b} = \sqrt[n]{a \cdot b}$$

$$\frac{\sqrt[n]{a}}{\sqrt[n]{b}} = \sqrt[n]{\frac{a}{b}}$$

$$\sqrt[k]{\sqrt[n]{a}} = \sqrt[k \cdot n]{a}$$

$$\sqrt[n]{a} \cdot \sqrt[m]{a} = a^{\frac{1}{n}+\frac{1}{m}} = \sqrt[nm]{a^{n+m}}$$

$$ln(\tfrac{a}{b}) = ln(a) - ln(b)$$

$$ln(a \cdot b) = ln(a) + ln(b)$$

$$ln(a^b) = b \cdot ln(a)$$

$$a^m \cdot a^n = a^{m+n}$$

$$(a^m)^n = a^{m \cdot n}$$

$$a^n \cdot b^n = (a \cdot b)^n$$

$$a^{-n} = \frac{1}{a^n}$$

$$a^{\frac{m}{n}} = \sqrt[n]{a^m} = (\sqrt[n]{a})^m$$

$$(a + b)^2 = a^2 + 2ab + b^2$$

$$(a - b)^2 = a^2 - 2ab + b^2$$

Literaturverzeichnis

Burger, A.; Keipinger, P. (2016): „Investitionsrechnung", Vahlen, München

Blanckenburg, K.v. (2009): „Entwicklung und Anwendung von ökonometrischen Testverfahren zur Koordinationsmängeldiagnose", Dr. Kovac, Hamburg

Heldermann, N. (2012): „Höhere Mathematik 2", Heldermann, Lemgo

Meffert, H. (2000): „Marketing", Springer, Hamburg

Terveer, I. (2013): „Mathematik für Wirtschaftswissenschaften", UTB, Konstanz und München

Stichwortverzeichnis